그림책을
쓰고 싶은
당신에게

작가의 마음과
편집자의 눈으로

◆

그림책을 쓰고 싶은 당신에게
작가의 마음과 편집자의 눈으로

1판 1쇄 펴냄 2022년 6월 29일
1판 2쇄 펴냄 2022년 8월 17일
지은이 최은영
펴낸이 김태형
편집 홍경화 성준근 남슬기 한홍비
디자인 Studio Marzan 김성미 / 박정영 김재현
마케팅 전민영
경영관리 곽근호
펴낸곳 (주)출판사 클
출판등록 2012년 1월 5일 제311-2012-02호
주소 03385 서울시 은평구 연서로26길 25-6
전화 070-4176-4680
팩스 02-354-4680
이메일 bookkl@bookkl.com
ISBN 979-11-90555-80-7 03800

이 책은 저작권법에 의해 보호를 받는 저작물이므로 무단 전재 및 무단 복제를 금합니다.
잘못된 책은 바꾸어드립니다.

그림책을
쓰고 싶은
당신에게

작가의 마음과
편집자의 눈으로

최은영 지음

◆ 작가의 말

 나는 걱정이 많은 사람이다. 여행을 가기 전에는 과연 공항에 제시간에 도착할지, 공항에서 비행기가 시간 맞춰 이륙할지, 갈아타야 할 비행기를 혹시 놓치진 않을지, 도착한 다음엔 내 짐이 분실되진 않을지를 걱정하고 여행 동반자에게 한 달 내내 걱정을 늘어놓느라 벌써 피곤하다.
 눈치 빠른 독자라면 이미 알아챘겠지만, 이 책은 이런 나의 걱정과 잔소리와 실수의 집합체다. 그동안 그림책을 기획하고, 편집하고, 쓰고, 그림책에 대한 강의를 하며 모인 자료들을 정리하자는 가벼운 생각에서 출발했지만, 막상 쓰려고 보니 그림책을 편집할 때 내 머릿속을 점령하는 온갖 노심초사들, 글을 쓰면서 겪었던 수많은 시행착오들이 여기저기서 튀어나왔다. 게다가 이 책을 읽는 독자들에게 혹여 내 생각이 제대로 전달되지 않으면 어쩌나, 독자들이 그림책에 대해 잘못 이해하게 되지는 않을까 하는 걱정까지. 그래서일까. 이 책을 읽고 나면 생각보다 그림책을 쓴다는 일이 너무 어렵게 느껴질지도 모르겠다. 실은 나도 이렇게 많은 것들을 고려하고 계산해야 한다면 쓰지 못하겠다고 생각한다. 다행스러운 점은 억지로 머릿속에 집어넣지 않아도 그림책을 많이 읽고 계속 쓰다보면 이 책에서 당부하는 그림책 쓰기 감각을 자연스레 익힐 수 있다는 것이다. 내가 이 책에 쓴 모든 것들도 그동안 그림책을 읽고 만들면서 자연스레 몸에 익힌 것들이니까.

나는 15년 넘게 그림책 편집자로 일하고 있고, 작가로서 지금까지 일곱 권의 책을 썼다. 내가 직접 쓴 그림책보다는 기획하거나 편집한 그림책이 훨씬 많다. 그런데 작가들의 글을 다듬거나 수정 의견을 주고받으며 흥미로운 사실을 하나 깨닫게 되었다. 작가들마다 글을 쓰는 방식이 다 다르다는 것이다. 마치 글쓰기 방식이 작가의 글에 개성을 부여하는 듯했다. 그들의 글이 한 권의 책으로 완성되는 과정을 눈앞에서 지켜보고 그 과정에 함께 참여하면서 나는 그림책을 쓰는 나만의 능력을 자연스레 기르게 되었던 것 같다.

이 책에는 이렇게 내가 그림책을 쓰고 편집하며 알게 된 그림책 쓰기의 핵심 가운데 반드시 염두에 두어야 하는 것들을 담았다. 이제 막 그림책 쓰기에 관심을 가지기 시작한 작가들, 그림책 쓰기를 진지하게 고민하고 있지만 아직 용기를 내지 못한 사람들, 어디서부터 시작해야 할지 몰라 엄두가 나지 않는 사람들에게 이 책이 도움이 되었으면 좋겠다. 그래서 예시로 든 그림책이나 추천 그림책은 대부분 서점이나 도서관에서 쉽게 찾을 수 있는 것으로 구성했다.

그림책이 어떤 과정을 통해 만들어지는지, 그림책 작가들은 어떤 고민을 하는지, 그림책을 쓰다보면 어떤 어려움에 부딪히게 되는지, 또 그림책 편집이란 과연 무엇인지를 빠짐없이 적었다. 물론 나의 경험을 토대로 한 주관적인 생각일 뿐이고 감히 정답이라고 주장하진 않겠다. 무언가를 쓴다는 것은 정답이 있는 행위가 아니니까. 만약 정답이나 공식이 있다면 누구라도 모리스 샌닥이나 존 버닝햄의 제자로 들어가 명작을 쓰는 법을 배울 수 있으리라. 그 대신 우리는 각자 자신에게 맞는 방법을 나름대로 찾아야 한다. 끊임없이 자신을 찾아가는 과정이야말로 글을 쓰는 행위일지도 모른다. 다만 그 과정에서 무엇이 중요하고 무엇이 중요하지 않은지를 알 수 있다면 지름길로 걸어갈 수 있다. 그 길을 찾는 데 이 책이 도움이 되었으면 한다.

게다가 그림책의 독자들을 보라. 어린이들에게 그림책은 일생에서 처음 만나는 책, 어쩌면 일생에서 가장 사랑하는 한 권의 책일지도 모른다. 어린이는 좋아하는 그림책을 만나면 읽고 읽고 또 읽는다. 백 번을 읽고 다 외운 다음에는 어른의 도움 없이 책장을 넘기며 다시 읽는다. 이렇게 독자의 사랑을 받는 책이 또 있을까? 한때 어린이의 전유물로 여겨졌던 그림책은 이제 모두가 즐기는 책이 되었다. 어린 시절 좋아했던 그림책을 어른이 되고 노인이 되어도 다시 찾는다.

어쩌면 내가 걱정이 너무 많았는지도 모르겠다. 온갖 우려와 걱정 끝에 책을 마무리하는 지금에서야 제일 중요한 것을 깨닫는다. 그 덕분에 다행히도 나는 책의 첫머리에 가장 중요한 사실 하나를 적을 수 있게 되었다. 그림책을 한 권도 안 쓴 사람은 있어도, 한 권만 쓰고 그만두는 사람은 없다. 어려워도 그만큼 가치 있다. 그러니 걱정 말자. 그림책을 쓰는 일은 행복하다.

◆ 차례

작가의 말 4

1. 그림책을 쓰고 싶은 당신에게

왜 '그림책'이 쓰고 싶나요? 14

그림책이란 과연 무엇일까? 17

생각보다 쉽지 않은 그림책의 글쓰기 19

알고 보면 더욱 흥미로운 그림책의 글 22

커피?음악?노트북? 무엇이 나를 쓰게 하는가? 26

완벽하게 준비하기보다는 무모하게 시작하기 28

추천 그림책 30
나는 어떻게 그림책 작가가 되었나 32

2. 그림책을 쓰기 전 알아야 할 것들

그림을 못 그려도 그림책 작가가 될 수 있을까? 38

그림책의 글을 쓰기 전에 기억해야 할 것들 42

그림책 그림에 대해 기억해야 할 것들 44

어른을 위한 그림책, 어린이를 위한 그림책, 무엇이 다를까? 46

어린이 그림책을 쓰기 전 알아야 할 것들 49

어린이를 위한 이야기 그림책 쓰기 51

아기 그림책은 어떻게 쓸까? 55

정보 그림책을 재미있게 쓰려면 58

추천 그림책 62
'마음'이라는 주인공 그림책《마음의 집》편집 노트 65

3. 글감 모으기

도토리 모으듯 글감 모으기 70

관찰하고 기록하자 73

어떤 글감이 그림책이 될까? 75

반짝이는 사연은 누구에게나 있다 78

인상적인 장면이 불러일으키는 영감 붙잡기 81

배경을 생생하게 구현해보자 83

문장 수집가가 되자 85

추천 그림책 87
평범한 단어로 시작된 이야기 그림책 《한숨 구멍》 창작 노트 90

4. 본격적으로 그림책 쓰기

좋은 글의 출발점, 나답게 쓰기 96

가장 쉬운 길이 가장 좋은 길이다 99

독자를 구체적으로 상상하며 쓰자 101

너도 알고 나도 아는 그 무엇 103

쓰다 멈춘 이야기를 다시 이어갈 두 가지 방법 105

주인공이 가장 좋아하는 음식은 무엇일까? 109

주인공은 아무 이유 없이 행동하지 않는다 112

주인공이 꼭 사람이어야 할까? 114

글을 풀어가는 다양한 방식에 대하여 117

뼈다귀가 필요하다 120

추천 그림책 122
기획하고 편집하기 그림책 《모두 모두 안녕하세요!》 편집 노트 124

5. 그림책으로 재구성하기

독자는 책장을 넘긴다 130
20개의 장면 안에 글 넣기 132
나만의 가제본 만들기 136
매력적인 첫 장면 만들기 138
책을 한 번 더 읽고 싶게 만드는 결말 쓰기 141
무엇을 그림으로 그릴까, 무엇을 글로 적을까? 144
그림으로 긴장감을 연출하는 몇 가지 방법 146
그림책의 리듬을 익히자 149

추천 그림책 151
보이지 않는 대상에 대하여 쓰기 그림책《불어, 오다》창작 노트 153

6. 문장 다듬기

그림책은 짧다 160
글이 돋보이려면 우선 그림이 돋보이게 쓰자 162
부드러운 발음, 단단한 발음을 고민해보자 165
싫증나지 않는 표현 고르기 167
선명하게 문장 쓰는 법 170
따옴표를 열심히 붙여보자 173
기술이 필요할 땐 명작을 읽자 175
인상 깊은 문장 하나로 책 전체의 매력이 상승한다 180
국립국어원과 친해지자 182
소리 내어 읽으면서 퇴고하기 185

추천 그림책 187
다큐멘터리를 그림책으로 쓰기까지 그림책 《살아갑니다》 창작 노트 189

7. 그림책 출판하기

서점에서 출판사를 탐험하자 196

출판사에 원고 보내기 198

계약서를 쓸 때는 201

편집자의 딸기밭에서 좋은 문장 익히기 204

그림책 편집자는 무얼 하는 사람일까? 207

수정이 두려울 땐 하루만 두려워하기 210

끝없는 삭제와 수정에도 지치지 않는 법 213

예상치 못한 그림을 받았을 때는 215

흔한 이름 소유자들에게 필명이란 217

제목을 짓는 시간 220

추천 그림책 223

1

그림책을
쓰고 싶은
당신에게

왜 '그림책'이 쓰고 싶나요?

 소설을, 에세이를, 대본을 쓸 수도 있다. 그밖에 그림이 필요 없는 다양한 방식의 글쓰기가 있다. 그런데 왜 하필 그림책이 쓰고 싶은 걸까? 우린 어쩌다 그림책의 매력에 빠져버렸나? 수많은 영상, 유튜브, 영화, 애니메이션. 이들은 그림책보다 훨씬 현란하고 감각적이며 심지어 활자를 읽어야 하는 수고로움조차 없다. 그런데도 여전히 우리는 그림책을 읽고 그림책을 쓰고자 한다.

 그림책을 좋아하는 사람이라면 그림책을 읽다가 경험하는 특별한 순간을 알고 있을 것이다. 어떤 한 문장, 어떤 한 장면의 묘사가 너무나 마음에 들어 책장을 넘기지 못하고 가만히 들여다보는 그 순간을. 어린 시절 보았던 잊지 못할 책 두 권이 있다. 그중 하나는 이런 장면으로 시작된다. 달은 차갑게 세상을 내려다보고 있고, 주인공은 쫓기고 있다. 숨어야 하는데 어디로 가도 달빛을 피할 수는 없다. 또 다른 책의 인상적인 장면. 비가 세차게 내리는 날, 두 친구는 그만 헤어져야 했다. 서로 이름을 부르며 손을 뻗는데 눈물인지 빗물인지 알 수 없는 물방울이 뺨으로 흘러내렸다. 나는 혼자 마루에 앉아서 이 장면을 몇 분이고 들여다보곤 했다. 불행히도 이 책들의 제목도, 완전한 스토리도 잘 기억나지 않아 이제는 찾을 수 없다.

나도 이런 책이 쓰고 싶었다. 누군가의 뇌리에 뚜렷이 남아 어떤 순간에도 떠올릴 수 있을 만큼 인상적인 순간을 담은 그림책 말이다. 흘러가는 시간도 우리가 붙잡은 그 순간을 어찌지 못한다. 우리가 책장을 넘기지 않는 한, 그 순간은 우리 손에 영원히 잡혀 있기 때문이다. 게다가 우리는 언제라도 마음만 먹으면, 책이 손에 닿을 수만 있다면 그 순간으로 다시 돌아갈 수 있다. 책을 펼쳐, 책장을 넘겨, 무한히 좋았던 그 장면 혹은 그 문장을 내가 원하는 만큼 언제까지나 바라볼 수 있다. 장황하게 설명하고 말았지만, 이렇게 그림책은 책장을 넘기는 나에게 주도권을 준다. 영상은 이미 녹화된 템포에 나를 맞추라고 강요하지만, 그림책은 언제든 독자의 손에 자신을 맡긴다. 느긋하게 읽을 수도, 서둘러 읽을 수도 있고, 어떤 장면은 천천히, 어떤 장면은 빠르게 넘겨도 된다. 그림책을 읽는 방법은 독자에 따라 다르며 어느 것도 정답이 아닌 정답이 된다. 책이 사라지지 않는 한, 당신을 사로잡은 그 장면은 언제까지나 눈앞에 다시 펼쳐질 것이다.

이것이 내가 생각하는 그림책의 매력이며, 내가 그림책을 계속 쓰는 이유이다. 스스로에게 질문을 던져보자. 나는 왜 그림책을 쓰려고 할까?

그림책이란 과연 무엇일까?

그림책은 말 그대로 그림이 있는 책이다. 그런데 어떤 책은 그림책이라고 하고 어떤 책은 그냥 그림이 있는 책이라 한다. 그림만 있으면 다 그림책일까? 반대로, 그림이 있는데 왜 그림책이 아니라고 할까?

나에게 그림책의 기준은 글과 그림이 서로 유기적 관계에 있는가의 여부이다. 그림이 없으면 조금 심심할 뿐, 책의 완결성에는 무리가 없다면 그 책은 그림이 있는 책이지만 진정한 의미의 그림책이라 생각하지는 않는다. 반면, 그림이 조금 단순할지라도 그림 없이는 이야기를 이해할 수도, 독서의 즐거움도 느낄 수 없다면 그 책은 그림책이라 할 수 있다.

그렇다면 '좋은' 그림책이란 무엇일까? 그림이 책의 시작부터 결말까지 큰 비중을 차지하고 있지만, 그저 책의 내용을 설명하듯 그대로 옮겨 그린 것에 불과하다면 나는 그 책을 좋은 그림책이라고 남들에게 소개하지 않을 것이다. 반면 글과 그림이 각자의 역할을 하면서 서로 영향을 주고받으며 이야기를 더욱 효과적으로 전달하고 있거나, 단순한 글이 그림을 통해 풍부하게 되살아나고 있다면, 나는 그 책을 잘 만든 그림책이라 평한다.

 기준은 편집자마다, 작가마다 다를 수 있다. 중요한 것은 그림책을 쓰기 전에 그림책이 무엇인지, 또 좋은 그림책이란 어떤 것인지 스스로 정의내릴 수 있어야 한다는 것이다. 아직 잘 모르겠다면, 그림책의 고전이라 불리는 유명한 책들을 우선 찾아 읽어보자. 존 버닝햄, 모리스 샌닥, 윌리엄 스타이그, 맥 바넷 등은 위대한 그림책 작가들이고 이들의 작품은 앞으로 이 책을 읽으면서도 심심찮게 만날 수 있을 것이다. 도서관이나 서점에서도 이들의 그림책을 쉽게 찾을 수 있으니 읽고 또 읽자. 이때 그림책을 즐기는 데서 그치지 말고 글을 전달하는 방식, 즉 어떤 글을 어떤 문장으로 쓰고 어떤 그림으로 그려냈는지를 분석하며 읽어야 그림책에 대한 이해를 넓힐 수 있다.

생각보다 쉽지 않은
그림책의 글쓰기

 사람들이 흔히 하는 착각 하나. "그림책 쓰는 게 제일 쉬울 것 같은데? 짧고, 단순하고, 이야기도 별거 없잖아." 사람들이 흔히 하는 착각 둘. "그림책 편집이 제일 쉬울 것 같은데? 짧고 단순하고 교정 볼 것도 없잖아." 그림책 작가, 혹은 그림책 편집자로 나를 소개할 때 가장 많이 듣는 말이다. 실제로 출판사에서 편집자로 일할 때, 동료나 선배 편집자들도 나에게 이런 말을 서슴없이 하곤 했다. 하지만 그렇게 쉬워 보이는 책이, 집필부터 출간까지 아무리 짧아도 1, 2년의 시간이 걸린다는 사실을 알고 있는지? 혹시 쓰기 쉬울 것 같아서 그림책에 도전하려는 사람이 있다면 다시 생각해보기를 바란다.

 대체 왜 이렇게 어려울까? 그림책을 쓰는 일은 나의 생각을 어떻게 이미지로 구현할까를 고민하는 작업이라는 점에서 특별하다. 아직 형태가 없는 관념을 서사로 만드는 것까지는 다른 글쓰기와 같지만, 그런 다음 구체적인 이미지와 장면들로 글을 다시 구성해야 한다는 점이 다르다. 구체적인 서사를 더욱 생생한 장면으로 바꿔야 하는 것이다. 혹시 그림책을 염두에 두고 써둔 글이 있다면 스스로에게 이런 질문을 던져보자. "내가 쓴 글에는 과연 몇 개의 장면이 있을까?"

글로 풀어낸 장면들이 그림으로 재탄생된 뒤에는, 그 그림들이 가장 흥미롭고 효과적으로 읽히도록 글을 다시 수정한다. 그림과 그림 사이를 유기적으로 연결하도록 문장의 위치를 바꾸거나, 필요하다면 과감하게 그림에 모든 것을 양보하고 글을 줄이거나 삭제해야 한다. 또한, 그림책의 글은 책이라는 구조에 제약을 많이 받는다. 똑 떨어지는 40쪽(혹은 그 이상도 가능하며, 5장에서 다시 설명하겠다)에 내가 하고픈 이야기를 다 집어넣어야 한다. 멜로디가 끝나면 더 이상 가사를 붙일 수 없는 것과 같다.

훌륭한 그림책을 보면, 정말 별것 없다는 생각이 들 수도 있겠다. 하지만 찬찬히 들여다보면 그 짧은 글 중 한 문장, 심지어 단어 하나도 뺄 것이 없다. 모두 글과 그림의 조화 속에서 꼭 필요한 자리에 들어가 있다. 게다가 소리 내어 읽기도 편하다. 이런 글은 생각처럼 쉽게 써지지 않는다. 모리스 샌닥의 그림책은 짧고 간결한 문장으로도 유명한데, 이 대가도 그렇게 문장을 정리하기까지 길고 지루한 과정을 거쳤다고 한다.

하지만 어려움만 있는 건 아니다. 그림책 글의 특성을 이해하고 그것을 활용하는 데 익숙해지면 오히려 다른 책에서는 하기 어려운 다양한 시도를 해볼 수 있을 것이다. 대화만으로 이루어진 책, 대화문이 없는 책, 의성어로만 이루어진 책, 처음부터 끝까지 한 가지 단어만 나오는 책, 글이 전혀 없는 책도 그림책에서는 가능하다. 모두가 다 아는 옛이야기도 그림책이라면 얼마든지 재미있게 다시 쓸 수 있다.

알고 보면 더욱 흥미로운
그림책의 글

 그림책의 글은 한 편의 이야기가 되는 동시에, 그 장면들을 상상하게끔 만드는 힘이 있어야만 한다. 장면과 장면을 연결하며, 때로는 장면을 더욱 자세하게 설명하기도 하고 때로는 장면과는 상관없는 것처럼 흘러가기도 한다. 하지만 어떤 방식으로든, 글은 그림과 함께 조화를 이루며 이야기를 완성해 나간다. 그리고 장면들이 흥미롭게 흘러가도록 일정한 구조와 리듬을 부여하기도 한다.

 이제 '잠자는 숲속의 공주'와 '아기 돼지 삼형제'와 같은 친숙한 이야기가 어떻게 그림책으로 다시 쓰였는지 살펴보자. 그림책 글의 구성 방식과 특징을 더 쉽고 흥미롭게 파악할 수 있을 것이다.

《종이 봉지 공주》

로버트 문치 글, 마이클 마첸코 그림, 김태희 역, 비룡소 1998

아름다운 왕자와 공주가 살고 있는 성에 용이 나타난다. 독자는 용이 당연히 공주를 납치해 가리라 예상하지만, 로버트 문치는 용에게 공주가 아닌 왕자를 납치하도록 한다. 그런데 공주는 무서워하기는커녕, 화가 나서 종이 봉지 하나만 걸쳐 입고 용을 찾아간다.

로버트 문치는 익숙한 옛이야기를 새로운 그림책으로 재탄생시키기 위해, 꼭 필요한 것만 서술하고 나머지는 모두 생략해버렸다. 왕궁이나 숲, 무시무시한 용에 대한 묘사, 혹은 왕자와 공주에 대한 친절한 설명도 없다. 심지어 용과 왕자, 공주를 제외한 다른 인물들은 등장조차 하지 않는다. 공주는 용을 찾아 떠나지만 아무런 어려움도 겪지 않고 아주 쉽게(그저 책장 한 장 넘기는 정도의 수고만으로) 용을 찾아낸다. 작가는 이렇게 이야기를 단순하게 만든 다음, 오로지 공주가 용과 나누는 대화, 공주가 왕자와 나누는 대화만으로 갈등을 끝내버린다.

이 책의 결말은 다음과 같다.

"너는 겉만 번지르르한 껍데기야!"

이렇게 해서 두 사람은 결혼하지 않았어요.

하지만 이 짧은 글을 통해 독자는 독립적이고 판단력마저 훌륭한 공주의 성격과 가치관까지 짐작할 수 있다.
이 책의 그림에는 이러한 글의 특성이 매우 잘 반영되어 있다. 공간은 거의 그려져 있지 않고 개성적인 인물을 표현하는 데 치중한다. 시공간적 배경으로는 상투적인 성과 숲을 보여줄 뿐인데, 이 이야기에서 배경은 크게 중요하지 않기 때문이다.

《늑대가 들려주는 아기 돼지 삼형제 이야기》
존 셰스카 글, 레인 스미스 그림, 황의방 역, 보림 1996

제목에서 짐작할 수 있듯, 이 책은 늑대의 입장에서 보는 아기 돼지 삼형제의 이야기다. 책을 펼치면, 죄수복을 입은 늑대가 나와 자기 소개를 한다.

"나는 늑대야. 알렉산더 울프. 그냥 알이라고 부르기도 해."

그렇다. 그냥 악당 늑대가 아니다. 그에게도 '알'이라는 이름이 있는 것이다!

 알은 어쩌다가 자신의 이야기가 이렇게 고약하게 소문이 났는지 도무지 알 수가 없다고 말한다. 그래서 독자는 자연스레 이런 생각을 하게 된다. '그래, 뭐라고 변명을 하는지 어디 한번 들어나보자.'

 늑대의 이야기에 설득력이 있을까? 판단은 독자의 몫이다. 다만, 이 책은 교묘한 방식으로 긴장감을 유발한다. 글은 '능청스러운 늑대'의 목소리로 늑대의 입장을 설명하지만, 그림은 '멍청한 늑대'를 골탕먹이는 듯 보이는 만만찮은 돼지들의 모습을 보여준다. 게다가 알을 뺀 나머지 등장인물들―신문기자, 간수 등―이 모두 돼지이고, 이들이 알을 감시하는 모습을 보면 어쩌면 알의 말이 사실은 아닐까 하는 실낱같은 의심을 품게 된다. 글과 그림이 서로 다른 이야기를 하는 듯하지만 조화를 이루며 이 책을 더욱 풍성하게 만들어준다. 그림책이기에 가능한 일이다.

커피? 음악? 노트북?
무엇이 나를 쓰게 하는가?

 글을 쓰려는 우리에겐 준비물이 필요하다. 아직 글이 되지 않은 머릿속 생각들이 술술 풀려나오도록 도와줄 공간과 물건. 중요한 건 필요한 준비물이 사람에 따라, 또 상황에 따라 다르다는 점이다.

 예를 들어, 나는 도서관처럼 조용한 곳보다는 카페나 공동 작업실처럼 생활 소음이 어느 정도 있는 곳이 편하다. 대부분 노트북으로, 한글 프로그램을 사용하지만, 아이디어는 웹이나 휴대전화 어플에 기록하고, 문장을 공들여 써야 할 때는 노트에 연필로 적는 걸 선호한다. 빈 화면에 첫 글자를 쓰는 용기를 북돋우는 데는 믹스커피가 최고고, 카페인으로 인해 살짝 가슴이 두근거릴 때면 머릿속에 맴돌던 상념이 분명한 단어가 되어 튀어나오곤 한다. 새로운 원고를 막 쓰기 시작할 때는 음악은 거의 듣지 않는다. 하지만 초고를 다 쓰고 난 뒤, 그림책에 맞게 원고 구성을 다시 할 때나 퇴고를 할 때는 음악이 도움이 된다. 문장을 다듬을 때는 가사가 없는 음악만 골라 듣지만, 구성이 잘 잡히지 않거나 새로운 영감이 필요할 때는 가사가 있는 음악을 듣는다. 노래 가사가 가끔은 새로운 세계를 여는 실마리 같은 역할을 해줄 때가 있다.

 나를 잘 알아가는 것이 중요하다. 어떤 순간, 어떤 분위기에서 막힘없이 술술 잘 써졌는지 떠올려보자. 누군가에게는 시끄러운 음악이, 누군가에게는 하리보 젤리가, 누군가에게는 시원한 에어컨 바람이 글을 쓰는 데 꼭 필요한 준비물일 수 있다. 만약 손으로 써서 기록하는 걸 좋아한다면 가장 좋아하는 연필은 무엇인지, 펜 색깔은 초록색이 좋은지 파란색이 좋은지, 줄 노트가 좋은지 줄 없는 노트가 좋은지, 어떤 질감과 색깔의 종이가 좋은지 등을 구체적으로 생각해보자. 나만의 취향, 나만의 무드를 만들자. 어찌 됐든 글을 쓴다는 것은 곧 나 혼자만의 싸움이니까, 그 싸움을 즐길 수 있도록 준비하자.

완벽하게 준비하기보다는
무모하게 시작하기

 사실 나는 따로 창작을 위한 시간을 내지는 않는다. 책상에 앉아서, '자, 이제부터는 창작의 시간이야' 하고 자세를 잡지는 않는다는 얘기다. 오히려 설거지나 샤워를 할 때, 지하철이나 버스를 타고 이동할 때, 걸어서 작업실로 출근할 때, 아직 문장으로 쓰지 못한 어떤 주제에 대해 깊게 생각하고 기록하곤 한다. 마치 내 머릿속에 띠가 있는 것처럼, 설계하고 있는 이야기를 계속 연결해나간다. 그러다보면 어느 순간, 노트북에 하얀 창을 띄워야 한다는 걸 느낌으로 알게 된다.

 작가마다 다르겠지만, 나는 결말을 모른 채 글을 쓰기 시작할 때가 많다. 첫 문장과 뒤이어 떠오른 상념의 무더기만을 가지고 쓰기 시작한 원고도 있다. 결말이 떠오를 때까지 기다릴 자신이 없기도 하고, 어서 빨리 쓰고 싶다는 기분이 달아나버릴까봐 무섭기 때문이다. 물론 끝까지 쓰는 데 성공한 원고도 있지만, 길을 찾지 못하고 미완성인 채 남아 있는 원고도 많다.

완벽하게 구성한 뒤 쓸 것인가, 영감을 잡은 순간 무작정 쓰기 시작할 것인가? 정답은 없다. 하지만 아스라이 사라질 것 같은 어떤 희미한 것을 붙잡고 계속 고민만 하고 있다면, 나는 "우선 쓰세요" 하고 권하겠다. 글쓰기에 완벽한 준비란 없다. 그저 쓸 수 있겠다는 기분, 그 이야기를 처음 떠올렸을 때의 두근거림을 믿자. 설사 끝까지 쓰지 못했다 해도 잃을 건 아무것도 없다. 한번 시작된 이야기는 내가 끝낼 때까지 하드디스크 깊숙한 곳에서 언제나 나를 기다리고 있을 테니까. 그리고 그 안에 분명 길이 있을 것이다.

추천 그림책

이제 막 그림책의 세계에 빠져든 당신에게 다음 책들을 추천한다. 그림책을 좋아하는 사람들이라면 누구나 알 만한 책인 동시에 그림책 글을 쓰는 데는 물론, 작품과 작가를 깊이 이해하는 데도 도움이 될 만한 책이다. 또한 이 책들을 통해 그림책이라는 장르를 더욱더 좋아하게 되리라 확신한다.

《존 버닝햄: 나의 그림책 이야기》 존 버닝햄 글그림, 엄혜숙 역, 비룡소 2006
존 버닝햄이라는 작가를 더욱 깊이 이해하도록 도와주는 책이다. 작품에 대한 소개와 함께 창작 과정에서의 에피소드, 작가의 견해 등이 실려 있다. 이를 읽는 것만으로도, 좋은 그림책 작가에 한 발 가까워진 느낌을 받을 것이다.

《깊은 밤 부엌에서》 모리스 샌닥 글그림, 강무홍 역, 시공주니어 1994
모리스 샌닥의 그림책을 아직 읽지 않았다면, 제일 먼저 이 책을 읽으라고 추천하고 싶다. '그림책이 이렇게 멋진 장르라니' 하고 감탄하지 않을 수 없다. 심지어 이 책은 1970년에 출간되었으니 나이가 꽤 많다. 나는 편집자가 되고 나서야 이 책을 알았다. 내가 어린이였던 시절에는 그림책이라고 하면 디즈니 전집 정도가 다였으니까. 어린이였을 때 이 책을 읽었다면, 지금 조금 더 나은 작가가 되어 있을까? 언제나 궁금하다.

《슈렉!》 윌리엄 스타이그 글그림, 조은수 역, 비룡소 2001
그렇다, 바로 그 슈렉! 디즈니 애니메이션 〈슈렉〉의 원작이 윌리엄 스타이그의 그림책이라는 사실이 우리나라에선 잘 알려져 있지 않은 것 같다. 이 책에 등장하는 슈렉은 애니메이션보다 더 더럽고 짜증나고 비호감이지만, 마지막 결말을 읽고 나면 사랑하지 않을 수 없을 것이다. 세상 모든 말썽꾸러기들이여(어른, 아이 할 것 없이), 이 책을 읽자!

《알사탕》 백희나 글그림, 책읽는곰 2017
단순한 글과 구성, 많지 않은 장면 안에 하고 싶은 모든 이야기를 충분히 멋지게 담을 수 있다는 사실을 증명하는 그림책이다. 사실 백희나 작가의 그림책은 전부 읽어보기를 권한다. 《장수탕 선녀님》《달 샤베트》《구름빵》 등의 작품은 이미 유명하지만, 모아서 쭉 읽어보면 작가가 글을 구성하고 감동을 전하는 방식이 군더더기 없이 깔끔한 동시에 밋밋하지 않고 아주 재미있다는 점에 감탄하게 된다.

나는 어떻게 그림책 작가가 되었나

 편집자로 오래 일했던 회사를 그만두었을 때, 작가가 되고 싶다는 생각은 조금도 없었다. 그저 놀고 싶었다. 어딘가에 속하지 않고, 돈을 벌지 않고 그저 노는 기분은 어떨지 궁금했고, 그림책 편집자라는 일이 너무 힘들고 지긋지긋하다는 생각도 들었다. 그런데 회사를 그만둔다고 하자 이상하게도 사람들은 나에게 이렇게 물었다.

"글 쓰려고?"

내 대답은 이랬다.

"아뇨, 글 같은 건 전혀 쓸 생각이 없는데요. 난 세상에 말하고 싶은 게 없거든요."

'작가가 되고 싶다' '글을 쓰고 싶다' 등의 말은 당시 나에게 무척 부끄러운 고백처럼 여겨졌다. 멋진 글을 만나 감탄하고, 그 글이 더욱 멋진 책이 되도록 힘을 보태고, 때로는 내가 고친 문장을 보며 뿌듯해 하고, 그러면서도 이름은 책의 한 귀퉁이에 아주 작게 실리는(때로는 실리지조차 않는) 존재인 편집자라는 역할에 너무 익숙해져서인지, 내 이름 석 자가 표지에 뻔뻔하게 실리는 상상만으로도 얼굴이 달아올랐다. 게

다가 나는 정말 세상에 전하고 싶은 메시지도, 이야기도 없었다. 하지만 이상하게도 "글 쓰려고?"라는 질문은 마법의 주문처럼 이따금씩 내 머릿속에 불쑥 떠올랐다 사라졌다.

그러다 무언가 쓰고 싶다는 생각이 드는 일이 나에게 일어났다. 바로 외할머니의 죽음이었다. 외할머니가 갑자기 돌아가시고 장례식장을 다녀오면서, 10여 년 전 먼저 세상을 떠난 외할아버지가 떠올랐다. 외할아버지의 장례식과 외할머니의 장례식, 그리고 평생을 작은 시골마을에 살았던 평범하고 작은 두 사람의 인생을 떠올리자 갑자기 이를 글로 남기고 싶다는 강한 욕구가 생겼다. 두 사람은 유명한 인물도 아니고, 으리으리한 삶을 살지도 않았다. 하지만 전쟁과 가난을 겪으면서도 나름의 아름다움과 가치를 지키며 소박하고 진실하게 살아갔다. 그런 조부모 세대의 삶, 그리고 이 작은 마을과 농가는 이제 서서히 사라지고 사람들의 기억에서도 잊힐 것이다. 내가 글로 남기지 않는다면! 의식의 흐름대로 앉은 자리에서 단번에 원고를 완성하고 나서야 내가 마치 그림책을 쓰듯 한 장면 한 장면 나누어가며 글을 썼다는 것을 깨달았다. '이 글이 정말 그림책이 될까'를 고민하면서 사람들에게 읽혀보았다. 그게 시작이었다.

그 뒤, 나도 세상 모든 작가들이 겪는 일을 다 겪었다. 원고를 보여준 편집자로부터 냉정한 답장을 받아 상처를 입기도 하고, 얄팍하고 가식적인 글을 완성한 뒤 명작이라도 쓴 것처럼 뿌듯해 하기도 했다. 그간 존경해왔던 한 선배 편집자는 내 원고를 쓱 읽더니, 알 수 없는 웃음과 함께 "참 애쓰는구나"라고 말했는데 대체 무슨 뜻이었는지 지금도 알 수가 없다. 편집자 생활을 오래했으니 아는 편집자와 출판사를 통해 원고를 쉽게 계약했을 것이라 오해하지 마시라. 아는 사람이 더 무서운 법. 게다가 그간 동료 특히 후배로 지내던 사람들에게 나의 근원, 혹은 나의 밑바닥과도 같은 초고를 보여주는 일은 결코 쉽지 않다. 차라리 가명을 쓰고 전화번호를 새로 만드는 건 어떨까 진지하게 고민하기도 했다.

다른 사람의 글을 읽고 가능성을 검토하던 편집자로서의 내 능력도 내가 쓴 원고 앞에서는 힘을 잃었다. 게다가 '어떻게 고치면 더 좋은 원고가 될까?'보다는 '어떻게 고쳐야 이 편집자의 마음에 들까?' 하는 생각만 들어 마음이 어지럽기도 했다. 지금 돌이켜보면, 나도 내 원고에 확신이 없었던 탓이리라. 결국, 반려당한 원고를 다른 출판사의 마음에 들도록 수정하기보다는, 반려당할 때마다 새로운 원고를 쓰는 편이 좋겠다는 판단을 내렸다. 그렇게 여러 번 거절을 당하고, 여러 편의 원고가 내 컴퓨터에 차곡차곡 쌓일 즈음 드디어 첫 계약이 성사되었다. 처음 계약한 그림책은 《한숨 구멍》(최은영 글, 박보미 그림, 창비 2018)이었다. 이 책의 원고는 출판사에 보낼 때부터 책이 될 수 있을 거라는 확신이 있었고, 원고에 담고자 한 느낌이 잘 살아난 그림책으로 출간되었다. 운 좋게도 적당한 때에 좋은 출판사와 편집자를 만난 덕분이다.

지금도 타인에게 나를 소개할 때 '작가'라고 말하기는 부끄럽다. 게다가 '그림책 작가'라고 말하면 "그림을 잘 그리시나봐요?" "화가시군요!" 하는 대답을 들을 때가 많아 당황스러울 때도 있다. 하지만 이제는 황당한 일이 생겨도 '이걸 언젠가 그림책에 써먹을 수 있겠군' 하고 생각하고, 절망에 빠진 때에도 '이런 주제로 어른을 위한 그림책을 한 편 쓸 수 있겠어' 하는 생각이 들어 머릿속이 바쁘게 돌아간다. 지독한 위염에 걸려 며칠을 누워 지낼 때에는, 병에 걸려 무기력하게 누워 있는 사람에 대해서라면 상세하게 묘사할 수 있겠다며 위안을 얻는다. 그리고 내가 쓰는 글이 곧 나이므로, 더 좋은 글을 쓰기 위해 더 좋은 사람이 되고 싶다는 생각을 매일 한다. 이렇게 나는 매일, 그림책 작가가 되는 중이다.

2

그림책을
쓰기 전
알아야 할 것들

그림을 못 그려도
그림책 작가가 될 수 있을까?

"그림을 못 그리면 그림책 작가가 될 수 없나요?" "글도 쓰고 그림도 그려야 진정한 그림책 작가 아닌가요?" 이런 질문을 종종 받는다. 보통 한 권의 그림책에는 두 사람의 작가가 있다. 바로 글 작가와 그림 작가다. 한 사람이 두 사람의 몫, 즉 글과 그림을 다 작업할 때도 있지만, 그림 작가로서 혹은 글 작가로서 활발하게 그림책을 출간하고 있는 작가들이 많다는 사실을 기억하자.

그림이 없다는 사실에 주눅 들지 말고 출판사에 원고를 보내보자. 그림책의 글만 출판사에 투고하는 작가들은 의외로 많다. 훌륭한 글이라면 원고 계약 후 편집자와 디자이너가 글에 잘 맞는 그림 작가를 찾아줄 것이다.

좋은 글 작가와 좋은 그림 작가의 협업이 훌륭한 결과물을 탄생시키는 때도 많다. 단지 글을 쓸 때, 한 가지만 염두에 두면 된다. "내가 그림 작가라면 이 장면을 어떻게 그릴까?"

이미지가 명확히 떠오를 때까지 문장을 고쳐 써보거나, 구성을 달리 잡아보자. 아무런 그림도 떠오르지 않는다면 원고를 처음부터 다시 구상하는 편이 좋을지도 모른다. 글 작가의 머릿속에 아무런 이미지도 던져주지 않는 장면이라면, 그림 작가에게도 마찬가지일 가능성이 높기 때문이다. 글이 그림 작가에게 많은 것을 상상하고 그려내도록 유도하면 할수록, 멋진 그림책이 탄생한다.

다음은 그림을 그리진 않지만 훌륭한 그림책을 쓰고 있는 그림책 작가들의 목록이다. 나도 영감과 용기가 필요할 때마다 이들의 책을 펼친다.

맥 바넷

《세모》《네모》(서남희 역, 시공주니어 2018)《동그라미》(서남희 역, 시공주니어 2019)《샘과 데이브가 땅을 팠어요》(서남희 역, 시공주니어 2014)《애너벨과 신기한 털실》(홍연미 역, 길벗어린이 2013)《늑대와 오리와 생쥐》(홍연미 역, 시공주니어 2017) 등을 썼다. 이 여섯 권은 모두 존 클라센이 그림을 그렸다. 이들이 만든 그림책이라면 언제나 믿고 책을 펼치게 된다. 재치 넘치는 문장과 단순한 구성, 기발한 발상은 현대 그림책의 새 장을 열었다 평가할 수 있을 정도로 훌륭하다.

사라 스튜어트

《리디아의 정원》(이복희 역, 시공주니어 1998)《도서관》(지혜연 역, 시공주니어 1998)《이사벨의 방》(서남희 역, 시공주니어 2013)《한나의 여행》(김경미 역, 비룡소 2009) 등을 썼다. 이 네 권의 그림을 모두 남편인 데이비드 스몰이 그렸다. 사라 스튜어트의 글은 멋 부리지 않고 따뜻하다. 편안한 이야기를 이렇게 아름답게 풀어내는 내공에 언제나 놀라게 된다. 특히《리디아의 정원》과《도서관》은 좋은 그림책 글의 정석과도 같으니 꼭 읽어보자.

존 셰스카

《늑대가 들려주는 아기 돼지 삼형제 이야기》(레인 스미스 그림, 황의방 역, 보림 1996)《냄새 고약한 치즈맨과 멍청한 이야기들》(레인 스미스 그림, 이상희 역, 담푸스 2010)로 우리나라에도 잘 알려진 그림책 작가다. 앞서 소개한 작가 맥 바넷에게 큰 영향을 끼친 작가이기도 하다. 작품마다 패러디와 말장난, 번득이는 재치가 넘친다.

쓰쓰이 요리코

《이슬이의 첫 심부름》(이영준 역, 한림출판사 1991)《순이와 어린 동생》(양선하 역, 한림출판사 1995) 《우리 친구하자》(김현주 역, 한림출판사 1994) 등은 하야시 아키코의 그림책으로 널리 알려져 있지만 실은 글 작가가 따로 있다. 쓰쓰이 요리코는 어린이들의 마음을 잘 짚어내는 작가이다. 어린이를 위한 그림책 가운데서도 어린이의 생활과 마음을 있는 그대로 드러내는 글을 보고 싶다면 이 작가의 책을 읽자.

김장성

《민들레는 민들레》(오현경 그림, 이야기꽃 2014) 《하늘에》(우영 그림, 이야기꽃 2020) 《까치 아빠》(김병하 그림, 한림출판사 2012) 《골목에서 소리가 난다》(정지혜 그림, 사계절 2007) 등의 그림책을 썼다. 그림책 편집자이자 기획자, 발행인이기도 하며, 옛이야기부터 현대 사회의 단면에 이르기까지 다양한 글감을 정제된 문장으로 써낸다. 그림책이야말로 짧은 글로 수많은 이야기를 전달할 수 있는 매체라는 사실을 느낄 수 있으니 꼭 읽어보자.

그림책의 글을 쓰기 전에
기억해야 할 것들

 그림책 작가라고 나를 소개하면, 사람들은 흔히 "아, 동화 쓰시는구나"라고 한다. 그런데 동화와 그림책은 같은 말이 아니다. 한때는 그림책이 어린이만의 전유물처럼 여겨지기도 했다. 그림책은 어린이를 위한 책으로 시작됐고 여전히 어린이 문학이 그림책의 큰 비중을 차지하고 있긴 하지만, 이제 그림책은 너나없이 누구나 즐기는 장르가 되었다. 그림책이 이렇게 독자층을 넓히면서, 그림책에 대한 정의도 달라지고 있다. 그림책과 그림책이 아닌 책 사이를 가르던 두터운 기준이 점점 얇아지고 있는 것이다. 시, 단편소설, 장편소설의 한 장면 등도 얼마든지 그림책의 글이 될 수 있다. 그림책은 곧 동화라는 공식에 갇힌다면, 그림책에서 펼칠 수 있는 수많은 가능성을 놓치게 된다.

 글 없는 그림책도 있고, 대부분의 그림책 글이 짧기 때문에 글보다는 그림이 훨씬 중요할 것이라고 생각하기도 한다. 심지어는 그림책은 멋진 그림이 전부라고 생각하는 이들도 있다. 하지만 내 생각엔 그림책이야말로 한 문장 한 문장 공들여 쓰지 않으면 쓸 수 없다. 그림책에서는 글도, 그림도, 한 권의 책을 완성시키는 '원고'다. 훌륭한 그림이 흥미로운 장면 하나로 독자를 매료시킨다면, 훌륭한 글은 독자의 흥미를 계속 이어지게 만든다.

지루한 문장과 허술한 플롯으로 이어지는 그림책은 아무리 멋진 그림으로 채워졌다 해도 재미없는 그림책이 된다. 아마도 독자가 그 책을 두 번 펼칠 일은 없을 것이다. 하지만 마지막 페이지를 덮자마자 다시 책의 첫 페이지를 펼치게 만드는 그림책을 썼다면? 어쩌면 그 책은 우리의 수명보다 더 오래 독자의 곁을 지키게 될지 모른다. 그림책은 쉽게 사라지지 않는다. 우리가 쉽게 서점에서 구입할 수 있는 베스트셀러 그림책들 중에는 출간된 지 100년이 지난 책도 있다.

그림책 그림에 대해
기억해야 할 것들

 흔히 말하는 '훌륭한' 그림책, '완성도 높은' 그림책의 그림은 그림책이라는 특수한 장르에 잘 맞도록 여러 사항들을 고려해 완성되었다. 지금부터는 그냥 그림이 아닌 그림책의 그림에는 무엇이 담겨 있어야 하는지를 알아보자.

 책을 펼쳤을 때 글과 그림이 함께 있다면 어느 쪽으로 먼저 눈길이 닿을까? 대부분 "그림!"이라고 대답할 것이다. 그림책의 그림은 앞으로 펼쳐질 이야기의 단서가 되기도 하고 미리 주인공과 배경을 설명해주는 지도의 역할도 한다. 단순한 사건도 글로 설명하면 길어지지만 그림으로 보여주면 한눈에 알 수 있다. 굳이 글자를 읽지 않아도, 그림책의 그림을 후루룩 훑는 것만으로도 이 책의 주인공이 인간인지 동물인지, 배경은 현재인지 과거 혹은 환상 세계인지를 알 수 있다. 그림의 분위기로 이 그림책의 분위기가 무거운지 가벼운지를 짐작하고, 때로는 책을 읽을지 말지 판단하게 된다. 그렇다. 그림책의 그림은 주인공과 배경을 담는 동시에 분위기를 전달해야 하며, 장면 하나하나가 독자를 매료시킬 정도로 흥미로워야 한다.

성인을 위한 그림책의 그림이라면 그림 작가의 개성, 최신 경향, 그림의 미적 완성도가 글을 해설하는 역할보다 중요할 수 있다. 하지만 어린이 독자를 위한 그림책을 구상하고 있다면 글을 해설하는 그림의 역할이 더욱 막중해진다. 아직 글 읽기가 서툰 어린이는 어른보다 더욱 그림에 의지해 그림책을 보게 된다. 어쩌면 그림책 속에서 펼쳐지는 사건들, 주인공에 대한 이해도 글보다는 그림을 통해 직관적으로 이루어질 가능성이 크다. 게다가 어떤 어린이에게는 글보다는 그림이 더욱 중요할 수 있다. 기차에 푹 빠진 아이는 그저 기차가 그려진 책을 넘기는 것만으로도 즐거울 것이다.

어른을 위한 그림책, 어린이를 위한 그림책, 무엇이 다를까?

 어린이를 위한 그림책과 어른을 위한 그림책은 분명 달라야 한다고들 한다. 그런데 그 둘을 어떻게 구분할 것인가? 또, 전 연령을 대상으로 하는 그림책은 뭐고, 어른만 보는 그림책은 뭐고, 어린이만 보는 그림책은 뭘까? 왜 어떤 책은 어린이 그림책이라고 하고, 어떤 책은 어린이를 위한 책은 아니라고 할까? 그냥 남녀노소 전 국민이 다 읽을 수 있는 그림책을 쓰면 안 되는 걸까?

 물론 이 문제에 정답은 없겠지만 나름대로 규칙을 세워보면 대상 독자에 맞춰 글의 방향을 정리할 때 도움이 된다. 어른을 위한 그림책이라 하더라도 아주 구체적으로 대상 독자를 정하는 편이 좋다. 취업 준비를 하고 있는 이십대가 보면 딱 좋을 만한 책, 사랑에 빠진 사람들이 볼 만한 책, 막 결혼한 친구에게 선물하면 좋을 책 등 특정 상황에 처한 특정 연령대의 사람들로 대상 독자를 좁혀보자.

어린이 그림책과 어른 그림책(혹은 전연령 그림책)을 나누는 기준은 전문가마다 다를 수 있지만, 어린이 그림책은 분명 어린이에게 꼭 맞게 설계되어 있다. 어린이가 파악할 수 있는 이야기 길이로 아무리 두꺼워도 64쪽을 넘지 않고, 지나치게 크거나 무겁지 않으며, 짧은 집중 시간을 고려해 한 장면에 지나치게 많은 문장을 넣지 않는다. 하지만 40쪽짜리, 짧고 문장이 적은데도 어른을 위한 그림책인 경우가 있다. 그래서 이런 물리적인 기준은 적절치 않은 것 같다.

내가 눈여겨보는 지점은 주제와 주제를 전달하는 방식이다. 어린이가 이해할 만한 주제인가? 아니라면 어른 그림책이다. 주제는 어린이도 이해할 만한데, 주제를 전달하는 방식이 어린이가 보기에 적합하지 않다면 그 역시도 어른 그림책이라고 본다. 그런데 이런 의문이 들 수도 있다. "이별과 상실의 아픔에 대한 그림책을 쓰고 싶은데, 이별과 상실은 반드시 어른만 겪는 일은 아니니까 어른과 어린이 모두를 위한 책으로 쓰면 안 될까?" 한번 생각해보자. 상실의 아픔을 겪고 이해할 수 있는 어린이의 연령은 어느 정도일까? 또 그 연령대 어린이가 겪는 이별의 모습은 어떤 걸까? 전학이나 부모의 이혼, 친구와의 다툼, 또는 가까운 누군가의 죽음일 수도 있다. 또 어린이는 어른에 비해 경험이나 지식이 적기 때문에 공감을 얻으려면 어린이의 이해를 도와줄 수 있는 실마리들을 섬세하게 배치해야 한다. 어린이도 공감할 수 있을 만한 상황들로 연결하되, 성인도 흥미롭게 읽을 수 있을 정도로 세련된 구성으로, 주제를 깊이 있게 담아내자. 쉽진 않다!

쉽고 단순한 그림이라면 어린이 그림책, 난해한 그림이라면 어른 그림책이라고 쉽게 단정해서도 안 된다. 그림책은 작가가 그린 그림을 소개하는 화집이 아니기 때문이다. 어른이 볼 책이니 작가 내면의 심상만 나열하는 식의 그림책도 괜찮을 것이라는 생각은 특히 위험하다. 어떻게 해야 독자의 마음에 감동을 불러일으키고 나아가 책을 구매하게 만들 수 있을까? 난해하고 개성 강한 그림의 바탕에 공감할 수 있는 이야기, 혹은 메시지가 깔려 있어야만 독자들은 자기만의 감동 포인트를 찾아내고 책을 사려고 기꺼이 지갑을 열 것이다.

어린이 그림책을 쓰기 전 알아야 할 것들

 어린이 독자를 위한 그림책을 쓰는 일은 어렵다. 그 이유는 여러 가지다. 꼭 그림책이 아니더라도 어린이를 위해 글을 쓰고 싶다면 다음의 요소들을 늘 염두에 두자.

 첫째, 성인 독자와는 달리 성장 과정에 놓인 어린이 독자들에게는 당신이 쓴 책이 어쩌면 가치관이나 생각을 형성하는 데 엄청난 영향을 미칠지도 모른다. 혹시 자신도 몰랐던 편견과 혐오가 글에 드러나지는 않았는가? 어린이를 위한 글일수록 자기 글을 냉정하게 바라볼 수 있어야 한다.

 둘째, 어린이의 마음과 생활을 이해해야 어린이의 흥미를 끄는 그림책을 쓸 수 있다. 우리는 모두 한때 어린이였기에 자신의 어린 시절로 되돌아가보는 것도 좋을 것이다. 하지만 몇십 년 전 어린이와 현재 어린이의 생활이 다르다는 사실도 인정해야 한다. 그때는 당연했던 것들, 이를테면 골목에서 뛰어놀거나 자연과 가까이 생활하는 것 등이 지금은 특별한 일이 되었다는 사실을 기억하자. 또 그때는 일상에 없던 일들, 유튜브 영상이나 스마트폰을 이용한 다양한 활동 등이 어린이의 일상에 깊숙이 들어와 있다는 것도 잊지 말자. 어린 시절 자신의 모습을 많이 기억하고 있을수록 어린이의 마음을 이해하기 쉽다. 하지만 현재의 어린이를 관찰하지 않으면 어린이의 일상에서 어떤 것들이 재미있고 호기심을 불러일으키는지 알 수 없게 된다.

셋째, 어린이 그림책은 어린이 스스로 읽기도 하지만, 글을 아직 읽지 못하거나 읽는 데 서투른 아이와 양육자가 함께 읽는 책이기도 하다. 따라서 어린이와 어른 모두가 재미있게 읽을 수 있어야 한다. 어른 독자도 지루하지 않고 즐겁게 읽을 수 있다면 이야기를 듣는 어린이 역시 즐거워질 것이다. 어린이가 어떤 이야기를 듣고 싶어할지, 또 어른은 어린이에게 어떤 이야기를 들려주고 싶어할지 고려하다보면 그 교집합 안에서 좋은 글감이 떠오를지도 모른다.

어린이를 위한
이야기 그림책 쓰기

"어린이의 갈등이나 고통을 전혀 드러내지 않은 허식의 세계를 그린 책은 자신의 어릴 때의 경험을 생각해낼 수 없는 사람들이 꾸며내는 것이다. 그렇게 꾸민 이야기는 어린이의 생활과는 아무 관련이 없다."

—모리스 샌닥

우리는 어린이에 대해 얼마나 알고 있을까? 특히, 지금 쓰고 있는 글의 대상 독자로서의 어린이에 대해서. 혹시 대상 독자를 '한국어 문화권의 모든 어린이'라고 크게 잡고 있다면, 독자 범위를 좁혀보자. 어른 눈에는 다 똑같아 보이는 여섯 살과 여덟 살 어린이라고 해도, 이 두 어린이가 경험하는 세상은 완전히 다르다. 여섯 살 어린이는 어린이집이나 유치원을 다니지만 여덟 살 어린이는 학교에 입학한다. 초등학교 고학년 어린이와 저학년 어린이가 같을까? 우리의 어린 시절을 떠올려보자. 6학년과 2학년은 하늘과 땅 차이다. 반드시 대상 독자의 연령을 0~3세, 4~6세, 초등 1~2학년, 초등 중학년, 초등 고학년 등으로 좁게 나눠 설정하자.

어린이 그림책에는 대상 독자와 같은 연령대의 어린이가 주인공으로 등장하는 경우가 많다. 그렇다면 조연은 누가 차지할까? 친구, 선생님, 양육자 등일 테다. 혹은 반려동물, 낯선 이웃 사람, 상상 속 인물일 수도 있다. 어린이 그림책에서는 흔히 주인공 어린이가 조연 역할을 맡은 어른과 갈등을 일으킨다. "골고루 먹어야지!" "늦잠 자면 안 돼." "수업시간에 왜 떠드니?" "정리정돈을 잘하자." 등등 어른은 야단을 치고 어린이는 말썽을 부린다. 재미있는 점은 이야기 속에서 야단치는 어른은 결국 골탕을 먹거나 포기하는 반면 말썽부리는 어린이는 점점 성장한다는 것이다. 마치 자연의 이치처럼. 반대로 어린이 주인공이 또래나 동물 친구와 갈등을 겪을 때, 어른 조연자는 이를 지켜보거나 해결책을 제시해주는 역할을 맡기도 한다. 이렇게 역할 분담을 하면 이야기에 안정감이 생긴다.

물론 어린이 그림책이라고 해서 반드시 어린이가 주인공일 필요는 없다. 어른이나 동물, 사물 때로는 외계인이나 요정이 주인공이 될 수도 있다. 혹시 이런 이야기를 구상하고 있다면 비슷한 주인공을 내세운 어린이 그림책을 많이 읽어 보기를 권한다. 등장인물 중 하나가 어린이거나 조연이 어린이와 비슷한 성격과 행동을 보이는 경우가 많을 것이다. 훌륭한 그림책 작가들이 이 인물들을 어떤 방식으로 그려내면서 어린이의 공감을 얻었는지 눈여겨보자. 어린이는 등장인물 중 누군가와 자신을 동일시할 수 있어야 흥미롭게 이야기를 즐길 수 있다.

어린이를 위한 이야기는 흔히 밝고 맑고 아름답고 예쁘고 즐거워야 한다고 여기는 사람들이 아직도 많다. 하지만 우리는 어린 시절에 그렇게 즐겁고 예쁜 이야기만 좋아했을까? 적어도 나는 아니다. 오히려 슬프고 눈물 나는 이야기를 몇 번이나 읽고 또 읽곤 했다. 많은 어린이들이 슬픈 이야기를 좋아하고, 이유를 뭐라 설명할 순 없지만 슬픈 이야기를 즐긴다. 슬픈 이야기를 들려주는 것에 주저하지 말자.

내 생각에는 슬픈 이야기야말로 어린이들에게 공감 능력을 키워준다. 기쁘고 즐거운 것만 보고 자란 어린이에게 어떻게 타인의 아픔을 이해하라 할 수 있을까? 게다가 슬픈 이야기는 안심이 되는 면도 있다. 이야기는 이야기일 뿐이고, 책을 덮으면 다시 안전한 자신의 세계로 돌아올 수 있으니까. 슬픔에 빠져 있는 어린이에게 비슷한 종류의 슬픔을 그린 그림책이 위안을 줄 수 있다. 그러니 슬픈 이야기를 쓰고 싶다면 그 어린이를 위해 마지막에 반짝이는 희망의 빛 한 줄기를 잊지 말았으면 좋겠다.

아기 그림책은 어떻게 쓸까?

 0~3세를 위한 그림책이 얼마나 다양한지 알면 그림책의 세계가 굉장히 넓게 느껴질지도 모르겠다. 책의 형태로 보자면, 양장본과 종이가 두꺼운 보드북으로 나눌 수 있다. 보드북은 아기가 쉽고 안전하게 책장을 펼칠 수 있도록 고안된 책이다. 두꺼운 종이 두 장을 붙여 만들기 때문에 책에 다양한 재료들을 덧붙이는 데도 유리하다. 바스락거리는 셀로판지나 반짝이는 종이, 헝겊 등을 덧대어 책을 만지기만 해도 다양한 촉감을 느낄 수 있는 촉감책, 안에 공기를 넣은 비닐로 만든 목욕놀이 책, 특정 부분을 누르거나 도구로 버튼을 누르면 음악이나 소리가 나오는 사운드북도 있다. 최신 제작 기법이나 영상 및 음악을 활용한 기술이 가장 적극적으로 활용되는 분야이기도 하다.

 0~3세를 위한 그림책을 쓰고자 한다면 그 목적이 반드시 아기의 성장 발달과 인지 능력에 맞춰져 있어야 한다. 아기들

이 손으로 무엇을 만지고 어떻게 느낄지, 눈으로 어떤 형태를 인지하는지, 어떤 소리를 들었을 때 반응하고 때로는 까르르 웃기도 하는지 말이다. 그래서 아기들이 탄생 후 처음으로 보게 되는 초점책은 흑백이고(생후 50일까지는 컬러를 인지하지 못한다), 0~3세 그림책의 그림 대부분은 등장인물이 잘리지 않고 전신이 드러나 있다(자칫 잘린 형태의 그림을 이해하지 못할 수 있다). 글과 그림 모두 간결하다. 때로는 색깔까지 제한적으로 사용하는 경우도 있다.

알파벳 그림책이나 'ㄱㄴㄷ' 그림책, 말놀이 그림책도 흔히 볼 수 있는 0~3세 그림책들이다. 그런데 이 그림책들은 한결같이 글자와 평범한 단어를 함께 제시하는 비슷한 구성을 취하고 있다. 왜냐하면 아기들은 주변의 사물과 인물에 관심이 많고, 이름을 익히고, 반복해서 같은 단어를 말하며 즐거움을 느끼기 때문이다. 아기들은 이런 종류의 그림책을 읽으면서 자기와 주변이 연결되어 있다는 느낌, 자신의 세계를 하나씩 구축해나가는 기쁨을 누린다. 대상 독자에게 딱 맞는 구성 방법일 뿐, 결코 따분하다거나 나쁘게 볼 수 없다.

그저 아이들에게 아름다운 이야기를 들려주고 싶을 뿐인데 왜 아이들의 성장 발달까지 알아야 하느냐고 묻고 싶을지도 모르겠다. 하지만 대상 독자를 이해하지 않고 어떻게 독자와 서로 마음이 통하기를 바랄 수 있을까? 0~3세 독자에 대해 많이 알면 알수록, 쓰고자 하는 그림책은 더욱 실용적이고 구체적인 형태를 띠게 될 것이다.

정보 그림책을
재미있게 쓰려면

 이치에 맞지 않는 면도 있지만, 편의를 위해 이 책에서는 정보, 개념, 교육, 지식 그림책을 통틀어 정보 그림책이라고 하겠다. 어떤 정보나 개념, 지식을 전달하거나 어린이들을 교육시키기 위한 그림책을 쓰고자 한다면, 우선 논픽션을 쓸 것인지 픽션을 쓸 것인지 결정을 내리자. 픽션, 즉 이야기를 통해 정보를 자연스레 전달할지, 아니면 단순하고 논리적인 구성하에 정보를 나열할지를 결정하는 것이다. 흔히 정보 그림책과 이야기 그림책을 픽션과 논픽션으로 구분 짓곤 한다. 하지만 정보 그림책도 얼마든지 픽션(이야기)을 넣어 쓸 수 있다.

 정보를 나열하고자 한다면, 책의 구성은 독자가 첫 페이지를 펼치자마자 한눈에 파악할 수 있을 정도로 단순하고 논리적이어야 한다. 'ㄱㄴㄷ' 그림책이나 'ABC' 그림책은 대표적인 나열식 정보 그림책이라 볼 수 있다. 글자를 가르쳐주는 이들 그림책은 한글 자모 혹은 알파벳의 모양을 알려주고, 그 낱자가 쓰인 단어들을 다양한 방식으로 나열해 표현한다. 아무 의미 없는 소리에 불과했던 글자가 책 안에서 자연스레 의미를 지닌 글자가 되는데, 글자가 의미를 지니게 되는 이 연결고리가 바로 작가가 역량을 발휘할 지점이 된다.

《가나다는 맛있다》(우지영 글, 김은재 그림, 책읽는곰 2016)는 자음과 모음을 결합한 글자 가, 나, 다 등을 음식 이름과 그와 연결되는 의성어, 의태어로 표현한 책이다. 독특한 점은 '파인애플'은 추위를 많이 타서 '파들파들' 떤다거나, '달걀'이 즐겁게 '도르르' 구르는 등 음식에 성격을 부여해 글자와 의미 간의 연결고리를 확보했다.

《생각하는 ㄱㄴㄷ》(이지원 기획, 이보나 흐미엘레프스카 그림, 논장 2005)은 이와는 반대로 글자가 시각적 기호라는 점에 집중한 책이다. 낱자의 형태를 동물 혹은 사물이 등장하는 그림으로 표현해 독자가 그림을 통해 단어를 유추해볼 수 있다. 예를 들어 'ㄴ'을 표현한 그림 중 하나는 '나무'와 바닥에 드리운 나무의 그림자가 함께 'ㄴ'을 만들고 있는데, 독자는 그 그림을 통해 '나무'라는 단어를 기억하는 동시에 그림 속 나무와 관련된 여러 가지 상상에 잠길 수 있다. 글자의 형태와 독자의 상상력을 이용해 글자와 의미 간의 연결고리를 확보한 셈이다. 이런 그림책들을 많이 읽고 구성을 파악해보자. 분명 쓰고자 하는 정보 그림책을 구성할 때 도움이 될 것이다.

이야기를 활용하고 싶다면, 이야기 속에 정보를 녹여내는 방식을 택하자. 이때 명심해야 할 점은 이야기를 그저 정보를 전달하기 위한 도구 정도로 여겨서는 독자의 마음을 얻을 수 없다는 점이다. 정교하고 재미있는 스토리를 짜고 그 안에 정보를 자연스레 녹여야 하니, 이는 결코 쉬운 일이 아니다.

한정된 분량 안에 어느 정도의 정보를 얼마만큼 균형 있게 녹여내느냐도 중요한 문제다. 정보의 양이 너무 부족하다면 정보 그림책을 선택한 독자 입장에서는 실망스러울 수도 있기 때문이다. 정보가 부족하지 않으면서도 스토리도 재미있고 흥미로워야 하며 이 모든 것이 자연스럽게 보이도록 써야 하니 웬만한 내공이 아니고서는 실패하기 쉽다.

좋은 소식 하나는, 정보 그림책이야말로 그림의 역할이 아주 중요하며, 그림만 제 역할을 한다면 정보를 재미있게 제공하는 데 성공할 수 있다는 것이다. 그림이 없다면 우리는 어떤 동물이나 사물에 대한 묘사를 길고 지루하게 늘어놓아야 할지도 모른다. 하지만 조금 딱딱한 정보가 나열되어 있더라도 매우 유쾌하고 재미있게 묘사된 그림과 함께라면 즐거운

책 읽기가 가능하다. 반대로 사실적이고 세밀한 그림으로 정보를 제공하고자 한다면 독자가 그림에 집중할 수 있도록 글은 부드럽고 차분한 편이 좋을 것이다.

추천 그림책

분야별로 내가 좋아하는 그림책을 한 권씩 꼽아보았다. 어른을 위한 그림책, 어린이와 어른 모두 즐길 수 있는 그림책, 아기 그림책 그리고 정보 그림책의 좋은 예들로, 재미있게 읽을 수 있는 것은 물론 해당 분야의 그림책을 쓸 때에도 도움을 받을 수 있을 것이다.

어른을 위한 그림책 1

《잃어버린 영혼》

올가 토카르축 글, 요안나 콘세이요 그림, 이지원 역, 사계절 2018

어린이가 읽어도 좋지만, 청소년이나 어른이 읽는다면 훨씬 더 많은 생각을 하게 될 그림책이다. 책의 형태나 글씨의 크기, 글의 배열이나 구성 등만 보아도 어린이에게 친절한 그림책이 아님은 쉽게 알 수 있다. 특히 흑백의 사진첩을 뒤적이며 따뜻한 추억의 한 페이지를 찾아 헤매는 듯한 책의 느낌은, 이것이야말로 잘 만들어진 어른의 그림책이구나 하는 놀라움을 선사할 것이다.

어른을 위한 그림책 2

《믿기 어렵겠지만, 엘비스 의상실》 최향랑 글그림, 사계절 2018

이 책을 그림책이라기보다는 그림이 있는 책이라 보는 사람도 있겠다. 그림보다 글이 훨씬 많아 보이기 때문이다. 하지만 내 기준에서 이 책은 그림책, 그것도 아주 잘 만들어진 그림책이다. 그림의 비중은 작지만, 그림 없이는 이 책의 주요 등장인물인 '개구리 씨'가 완성될 수 없기 때문이다. 그림과 예술, 작고 사소하게 빛나는 것들을 사랑하는 사람이라면 이 책을 읽으며 맑은 눈망울의 개구리 씨를 만나보자. 분명 마음에 들 것이다.

어린이와 어른 모두 즐길 수 있는 그림책
《그 집 이야기》
존 패트릭 루이스 글, 로베르토 인노첸티 그림, 백계문 역, 사계절 2010
문장이나 단어가 초등학생이 읽기에는 조금 어렵다고 느낄 수도 있다. 하지만 어른과 함께 읽으며 생각을 나누며 읽는다면 충분히 이해할 수 있는 내용을 담고 있다. 게다가 글과 그림이 각각 완성도가 뛰어난 동시에 서로의 역할을 제대로 해내고 있어, 아름다운 이중창을 선보인다. 내가 어린 시절 이 책을 만났다면 아마도 평생을 두고 읽었을지도 모르겠다. 첨언하자면 존 패트릭 루이스와 로베르토 인노첸티의 조합도 언제나, 정말, 훌륭하다!

아기 그림책
《싹싹싹》 하야시 아키코 글그림, 이영준 역, 한림출판사 1989
아기와 동물 친구들(실은 인형 친구들)이 다 함께 수프를 먹는다. 서툰 몸짓으로 숟가락을 쥐고, 입으로 가져가다 흘리고, 볼과 입술, 옷 여기저기에 수프를 묻히는 광경. 그럴 때마다 아기는 "닦아줄게, 싹싹싹" 하며 행주로 수프를 닦아준다. 엄마가 아기에게 하는 행동을 아기가 동물 친구들에게 그대로 보여주는 것이다. 게다가 수프를 흘린 부위를 가리키며 "배에 흘렸네." "손에 흘렸네." 하며 신체 부위의 이름을 알려주는 것도 잊지 않는다. 단순한 그림과 글로 아기 그림책이 갖춰야 할 모든 것을 다 보여주는 교과서 같은 그림책이다.

정보 그림책

《우리는 이 행성에 살고 있어》

올리버 제퍼스 글그림, 장미란 역, 주니어김영사 2018

지구라는 행성에 대한 지식을 친절한 언어로 설명해주는 그림책. 하지만 마지막까지 읽어보면 전체를 아우르는 이야기가 바탕에 깔려 있었음을 알게 된다. 더불어 이 책은 지구 행성에서 살아가는 올바른 방법은 과연 무엇일까 하는 철학적 질문까지 던진다. 이야기를 바탕으로 하면서도 충분한 정보를 제공하는 어려운 일을 성공적으로 해낸 그림책이다.

'마음'이라는 주인공
그림책 《마음의 집》 편집 노트

폴란드 작가 이보나 흐미엘레프스카의 이국적인 그림 때문인지, 《마음의 집》(김희경 글, 이보나 흐미엘레프스카 그림, 창비 2010)을 번역서로 오해하는 독자들이 많다. 하지만 이 책은 내가 출판사에 근무하던 시절 편집한 창작 그림책으로, 우리나라 그림책 가운데 최초로 볼로냐 도서전에서 라가치상 대상을 받았다. 출간된 지 벌써 10여 년이 지났지만 나는 여전히 이 책의 편집자라는 것이 무척 자랑스럽다. 권위 있는 상을 받았기 때문이 아니라, 매우 실험적이고, 당시로서는 과감한 도전이었던 이 책의 가치를 라가치상 대상을 통해 공식적으로 인정받았기 때문이다.

이 책의 출간을 두고, 결정권을 가진 분들로부터 매우 부정적인 피드백을 받았다는 사실을 고백해야겠다. 아이들이 이해하기에는 무척 어려운 내용(당시만 해도 어른들이 그림책을 읽는 일은 그리 흔하지 않았다)이고, 그림의 붉은 선이 무섭고(마케팅 팀의 피드백), 잘 팔릴 것 같지도 않은데 꼭 계약을 해야겠냐는 말에, 안 팔리면 천 권을 내 돈으로 사겠다고 설득해 겨우 계약을 성사시킬 수 있었다. 계약 후에도 출간 후에도,

《마음의 집》의 가치를 회사 내에서 이해해주는 사람이 많지 않아, 혼자 마음을 졸이기도 했다(물론 어서 천 권을 사라고 하는 사람은 없었다). 그러다 수상 소식이 전해졌으니, 기쁘다기보다는 역시 내 생각이 틀리지 않았다는 안도감이 먼저 밀려왔다.

그렇다고 《마음의 집》을 나 혼자 만든 것은 아니다. 오히려 이 책의 원고를 처음 발견하고, 그림 작가와 글 작가를 연결한 사람은 따로 있으니 그 분의 공이 어쩌면 더 크다고 할 수 있겠다. 기획자 이지원 선생님은 《마음의 집》의 초고를 읽자마자 그 가능성을 알아보고 나에게 전달해주었을 뿐 아니라 그림 작가와의 계약도 성사시킨 장본인이다. 또 이보나 흐미엘레프스카의 섬세한 그림을 책이라는 틀 속에서 완벽하게 구현하는 데 성공한 디자이너까지! 한 권의 그림책이 완성되기까지는 이렇듯 보이지 않는 사람들의 손길이 필요하다.

이 책을 편집하면서 가장 신경을 쓴 부분은, 존재하지 않지만 존재하는 '마음'이라는 대상을 어떻게 시각화할 것인가였다. 초고에는 마음이 정원, 씨앗, 집 등 다양한 형태로 표현되어 있었다. 아까운 부분도 있었지만 과감히 줄여 '집'이라는 공간으로 집중시켰다. 그러자 "마음은 어디에 있을까?"로 시작해 "도대체 마음은 무엇일까?"로 이어지는 원고 속 질문이 자연스레 부각되어, 그림책 전체를 아우르는 흐름이 생겨났다.

이 원고의 특징 중 하나는 매 장면마다 대비되는 내용으로 대구를 이루고 있다는 것이다. "어느 날 고양이를 보면 슬프다가도 어느 날 고양이를 보면 즐거워." "마음의 집에는 창문이 두 개 있어. 한 쪽에서는 매일 비가 내리고, 다른 쪽에서는 매일 해가 쨍쨍해." 등이다. 한 장면 안에 하나의 요소를 두고 대비되는 두 가지의 내용을 그림으로 어떻게 그려내느냐가 이 책의 관건 중 하나였는데, 그림 작가는 우리의 고민이 무색할 정도로 훌륭하게 이 문제를 해결해냈다. 책장을 펼치고 넘기는 단순한 행위를 통해 그림이 살아 움직이게 해 독자가 마음대로 슬픔과 기쁨을 상상할 수 있도록 그린 것이다.

《마음의 집》은 '마음은 과연 무엇인가'라는 철학적 질문을 던지는 동시에 그 질문을 따라가는 독자의 마음을 위로하고 어루만진다. 무형의 것, 형이상학적 주제를 품은 그림책을 쓰고 있다면 이 책을 꼭 읽어보길 권한다. 무형의 마음을 '집'이라는 공간과 그 공간 속 사물과 사람을 통해 설명해낸 글, 그리고 책이라는 '물질'의 특성을 최대한 활용해 연출된 그림 모두에 감탄하게 될 것이다. '글과 그림의 유기적 관계'나 '그림책 글의 특별함'에 대한 훌륭한 예시라 할 만하다. 글 작가가 사유를 구체적 장면으로 창조하는 데 성공했다면, 그림 작가는 그 장면 장면을 독창적인 그림으로 그려내 잊을 수 없는 인상을 독자에게 남기기 때문이다.

글감
모으기

도토리 모으듯
글감 모으기

대중가요 가사, 세차게 내리는 비, 계절의 변화, 좋아하는 음식의 냄새, 내 나이, 혹은 내 손가락……. 세상 모든 것들이 우리에게 불현듯 그림책의 영감을 던져준다. 하지만 잠시 딴생각을 하는 사이, 문득 멋진 이야기로 타오르던 영감의 불길은 연기처럼 사라져버린다. 사라지기 전에 붙잡는 게 무엇보다 중요하다. 마치 다람쥐가 도토리를 모으듯, 눈에 띌 때마다 차곡차곡 저장해두면 언젠가는 쓸 데가 있는 법이다. 나는 도토리를 저장하기 위해 여러 종류의 메모 툴을 활용하고 있다. 물론 사람마다 취향이 다르겠지만, 내가 쓰는 방법을 소개하고자 한다.

길을 가다가 문득 어떤 글감이나 문장이 떠오르면 나는 바로 멈춰서서 휴대전화 메모창을 연다. 지금도 메모함에는 암호 같은 단어와 문장들이 가득하다. "새벽빛이 어둠을 가를 때까지" "우리의 범위" "불행 노트" "누가 누가 무슨 밥을 먹을까" 등등. 대부분 길을 걷다가, 친구와 수다를 떨다가, 전혀 다른 주제로 회의를 하다가 문득, 이건 뭐지? 어떤 그림책이 될 것만 같은 예감에 적어놓은 것이다.

머릿속 글감의 실체가 좀더 확실해지면, 에버노트라는 프로그램을 연다. 메모해둔 기억의 단서를 따라 두서없이 적어본다. 이게 어떤 그림책으로 이어질지, 사실 나도 모른다. 하지만 그저 떠오르는 생각에 손가락을 맡긴다. 맥락을 고민하는 건 다음 순서니까. 두서없이 적다보면 생각지도 못하게 사유가 풍성해지거나, 손쉽게 원고 하나가 뚝딱 나오기도 한다. 그러지 않더라도 언젠가는 무언가 될 것이라는 심정으로 저장해두자.

만약 한 권의 책이 되기에는 아직 무리가 있는 소소하고 개인적인 글이라면 브런치 사이트를 열고 에버노트에 적어둔 문장들을 붙여가며 마치 블로그에 연재를 하는 느낌으로 써본다(물론 공개 모드는 아니다). 어느 정도 길이가 될지, 글의 전체적인 느낌은 어떤지를 가늠해본다. 출판을 위한 원고라면 반드시 한글 프로그램을 열고 좀더 진지하게 쓴다. 이렇게 하는 것이 책을 집필하는 느낌에 가깝고 원고 분량을 체크하기도 편하기 때문이다. 갑자기 어떤 문장이 떠올랐을 때는 좋아하는 펜으로 노트에 긁적여보는데, 확실히 자판을 두드릴 때보다 좋은 문장이 완성된다.

물론 내 방식이 정답은 아니다. 우리에겐 전통적인 필기도구부터 스마트한 기기들까지 다양한 선택지가 놓여 있다. 여러 도구들을 활용해보고 자신에게 꼭 맞는 '도토리 상자'를 발견해보기 바란다.

관찰하고
기록하자

글쓰기를 시작하는 사람들은 흔히 일기를 쓰라는 추천을 많이 받게 된다. 틀린 말이 아니다. 일기 쓰기는 나의 일상을 새로운 시선으로 보는 훈련이며, 쌓일수록 관찰력이나 기억력도 향상된다. 하지만 나는 일기를 쓰진 않는다. 일기라고 규정을 하면 왠지 오늘 하루의 일과를 검사 맡던 시절로 돌아가는 듯한 느낌이 들어서다. 대신 '기록'이라는 말을 쓴다. 거의 매일, 물론 한두 문장뿐인 날들도 많지만, 떠오르는 심상이나 문장, 그날의 일, 내가 내뱉은 말 혹은 어떤 사람이 내뱉은 말, 재미있었던 상황을 기록한다. 일기 쓰기라는 말 자체에 부담이 든다면, 기록이라는 말로 바꾸어 가볍게 시작해 보는 건 어떨까?

기록할 때 쓰는 방법 하나 더. 혹시 평소 좋아하는 사물이나 동물, 장소가 있다면 노트를 따로 만들어 관찰 기록을 남겨보자. 매일 걸어다니는 동네 산책로 구석구석, 화단의 꽃나

무가 피고 지는 과정, 새로 뿌린 씨앗이 떡잎을 올리고 새순을 피우고 작은 열매를 맺는 모습……. 모두 그림책으로 가능한 소재들이다. 장소만 특정해도 멋진 논픽션 그림책을 완성할 수 있다. 실제로 파리, 로마 등 세계적으로 유명한 도시를 소개하는 그림책들도 많이 출간되어 있다. 장소뿐 아니다. 사물이나 동물 하나만으로도 얼마든지 그림책을 쓸 수 있다. 우리는 글을 쓰고자 하는 사람들이니, 애정과 관심이 가는 대상이 있다면 일단 글로 기록해두자.

어떤 글감이 그림책이 될까?

 무언가 쓰고 싶은 것이 생겼다면, 그 글감이 그림책에 잘 맞는지도 판단해야 한다. 하지만 판단하기 전에 무엇이 됐든 일단 머릿속으로 굴려보자. 글감은 하나의 단어에서 문장으로, 그 문장과 관련된 또 다른 단어와 문장으로 점점 불어날 것이다. 만약 한 편의 글이 될 것 같고, 그림책으로서의 윤곽도 어느 정도 그려졌다면 그에 따라 연상되는 장면들을 떠올려보자. 흥미로운 장면들이 펼쳐지지 않는다면 그 글감은 그림책이 아닌 다른 장르에 어울릴지도 모른다.

 《나는 그릇이에요》(최은영 글, 이경국 그림, 꼬마이실 2019)는 우리가 흔히 쓰는 다양한 형태의 그릇에 대해 쓴 책이다. 그릇은 사람이 어떻게 사용하느냐에 따라 그 쓰임이 달라진다. 반대로 생각해보면 그릇에는 그 그릇을 사용하는 사람들의 일상이, 추억이 깃든다. 또한 그릇에는 그 시대의 가치관과 아름다움이 담겨 있다. 하지만 그릇은 처음에는 모두 흙이었다는 사실을 떠올려보자. 무형의 흙이 사람들의 손길과 뜨거운 불길을 통해 다양한 형태로 변모하는 이미지를 떠올리자 단박에 그림책의 소재로 안성맞춤이라는 확신이 들었다. 그래서 이 책의 첫 문장을 다음과 같이 썼다.

"처음에 나는 흙이었어."

전달하고자 하는 메시지도 중요하다. 나는 정보 그림책을 쓸 때도 정보 전달뿐 아니라 독자의 마음에 남을 만한 메시지를 숨겨두는 편이다. 《보글보글 발효 요정》(최은영 글, 이희은 그림, 꼬마이실 2021)은 미생물과 발효 작용으로 탄생하는 갖가지 음식들을 보여주는 책인데, 나는 이 책을 이렇게 마무리했다.

"너무나 작아도, 보이지 않아도 세상엔 우리 같은 발효 요정들이 수없이 많아.
과일 껍데기, 볏짚, 네 발가락 사이사이에도 우리가 있어.
우리가 필요할 땐 마법의 주문처럼 속닥속닥 이름을 불러줘.
금방 달려갈게!"

인간의 관점에서 보자면, 미생물들은 인간을 이롭게 하는 존재라고 느껴질지 모르겠다. 하지만 실은 이들도 자기 자리에서 자신의 일을 최선을 다해서 하고 있을 뿐이다. 우주의 관점에서 보자면 인간도 미생물처럼 작디작은 생명체다. 하지만 우리가 하는 모든 일이 이 세상을 조금씩 변화시킨다. 이름 없이 묵묵히 일하는 수많은 미생물들처럼 세상을 살아가는 평범한 사람들. 이들에게 이 책을 통해 고마움과 응원의 마음을 전하고 싶었다.

 도토리 상자에서 글감을 하나하나 꺼낼 때마다 나는 '흥미로운 장면들이 펼쳐질까?' '이 세상을 조금 더 이롭게 할 메시지를 독자의 마음에 남길 수 있을까?' 하고 자문하는 과정을 거친다. 머릿속에서 장면들이 휙휙 지나가고, 전하고자 하는 메시지도 있으며, 어떤 독자층은 분명 흥미를 가질 만한 글감이라면 주저 말고 계속 써나가도록 하자.

반짝이는 사연은
누구에게나 있다

 나는 둘째고, 오빠가 있다. 어린 시절 어느 해 생일날, 오빠가 웬일인지 생일선물을 줬다. 스케치북 두 장에 자동차 사진들을 잔뜩 오려 붙여 만든 스크랩북. 나는 오빠가 미워서 울어버렸다. 이런 쓰레기를 선물로 주다니!

 이 정도 사연은 둘째라면 누구에게나 있을 법하다. 하지만 나의 마음속에서, 이 사연은 특별하게 반짝인다. 자신에게 가장 소중한 걸 주었던 오빠의 마음을 이제야 알겠고, 그걸 몰라본 어린 내 모습이 속상하고, 내 반응에 속상했을 오빠의 마음을 생각하니 서글프다. 다시 그때로 돌아갈 수 없으니 더더욱. 심지어 오빠는 이 일을 이미 잊었으리라!

 "이야기를 짓고 싶은데 아무것도 떠오르질 않아요. 어떻게 시작하죠?" 이런 질문을 많이 받는다. 나는 이렇게 대답하곤 한다. "자기 얘기를 쓰세요."

 내 대답에 많은 사람이 이렇게 생각할 것이다. 내 얘기라니! 개성 있는 이야기, 독창적인 이야기를 쓰고 싶은데, 내 얘기 너무 평범한 것만 같다. 나는 그저 평범한 사람일 뿐이니까. 드라마 속 주인공처럼 능력이 출중하거나 외모가 빼어나거나 돈이 많은 것도 아니고, 살인사건에 휘말리거나 거대 기업의 음모에 가담한 적도 없다. 내 인생의 가장 특별한 경험이라 해봐야 해외여행과 초등학교 전학이 고작인데.

사람들이 일상에서 겪는 사건들은 사실 비슷비슷하게 평범하다. 사건을 특별하게 만드는 건 그 사건을 보는 나만의 관점이다. 그것만 있다면 정말, 그 평범한 일들이 이야기가 된다. 나와 똑같은 사람은 세상에 아무도 없고, 또 다른 '나'란 존재하지 않으니까. 게다가 그런 '나'를 가장 잘 아는 사람도 바로 자신 아닐까? 그렇다. 이야기는 보통 '나'를 중심에 두고 출발한다. 주인공이 내가 아니더라도, 내가 보고 느끼고 경험한 모든 것이 어떤 방식으로든 이야기에 묻어난다. 그래서 글쓰기는 어쩔 수 없이 자기 자신을 드러내 보이는 일이다.

자, 그럼 용기를 내어 지난 일들을 추억의 방에서 끄집어내, 가벼운 마음으로 써보자. 평범했지만 잊을 수 없는 중요한 순간들을. 여기서 중요한 것은, 그냥 생각나는 대로 쏟아내는 것이다. 정리는 다음 순서다.

내게 왜 그 경험이 특별했는지, 반짝이는 나만의 관점을 적어보자. 평범한 사건이라도 왜 그 사건을 기억하고 있는지 구구절절 써보는 것이다. 그 안에서 자신만의 관점을 찾을 수 있다. 이렇게 시작한다면 어색하지 않고 자연스러운 이야기를 쓸 수 있다. 나는 오빠의 생일선물을 평생 잊지 못할 것이고, 언젠가 필요하다면 내가 쓰는 이야기 속에 그 사건을(비록 인물과 배경과 선물은 바뀔지라도) 녹여낼 수 있으리라 생각한다.

새로운 글감을 찾고 있는 사람들에게도 비슷한 말을 해주고 싶다. 완전히 새로운 아이디어, 참신하고 아무도 쓰지 않은 것을 찾으려고 애쓰지 말자. 새로워야 할 것은 글감이 아니라, 글감을 이야기하는 방식이다. 어떤 글감으로 글을 써야 잘 팔릴지보다, 평소에 무엇을 좋아하고 무엇에 흥미를 갖는지를 먼저 고민하고, 직접 겪은 일이나 일상의 일들을 좀더 깊숙이 들여다보기를 권한다. 노력하고 공부해서 어떤 것에 대해 알 수는 있지만, 좋아하지 않는 것을 좋아하게 되기는 힘들다. 애정이 없는 대상에 대해 쓴 글은 그야말로 영혼 없는 글이 되기 쉽다. 좋은 글감은 결국 나의 생활, 나의 세계에서 나올 수밖에 없다.

인상적인 장면이 불러일으키는
영감 붙잡기

 비 온 다음 날, 화창한 가을이었다. 출근하는데, 아기 고양이 두 마리를 발견했다. 홍제천변 풀숲 사이에 웅크리고 있었다. 보들보들한 털이 찬바람에 한들거렸다. 꼭 죽은 것만 같아서 가까이 다가가보니 얼룩무늬 고양이가 눈을 떴다. 한쪽 눈이 초점 없이 까맸다. 아마도 시력을 잃은 눈 같았다. 둘은 다행히 햇볕을 쬐며 낮잠을 자고 있었던 것인지, 고개를 들더니 빗물이 고인 낙엽 사이로 숨어 나를 바라봤다. 순간, 어떤 것이 내 머릿속을 스쳐 지나갔다. 아직은 아무것도 아니지만, 분명 그림책이 될 법한 문장들이. 지금의 장면과 분위기, 냄새, 공기, 온도를 잡아두고 싶었다. 그래야만 나중에라도 무엇이든 쓸 수 있을 테니까.

 제일 먼저 한 일은 고양이들에게 이름을 붙여주는 것이었다. '보들이'와 '까미'. 후에 아기 고양이들을 기억할 때 보드라운 털과 초점 없이 까맣던 눈동자가 가장 먼저 떠오르도록. 다음으로는 아직 쓰지 않은 원고에 제목을 붙였다. '빗물 두 모금, 낙엽 한 줌'. 이날의 분위기를 낙엽과 빗물로 잡아두었다.

마치 영화의 한 장면처럼 가슴에 깊이 남아 어떤 영감을 불러일으키는 순간들이 있다. 그 순간의 기억을 오래 붙들어 두려면 메모의 기술이 필요하다. 시간 순서로든 뭐든 정리해서 쓰려고 하지 말고 두서없이 적자. 이름 없는 대상에게는 이름을 붙이자. 완성된 문장을 쓰려고 하지 말고 단어 위주로 적자. 마지막으로, 사실을 나열하지 말고 내 몸이 느끼는 감각을 위주로 적자(남들에겐 마치 암호처럼 보일지도 모르겠다). 눈으로는 사진을 찍고, 코와 귀로는 나머지 감각들을 최대한 느끼자. 눈을 감으면 그 순간으로 다시 돌아갈 수 있을 정도로. 언젠가 이 순간이 반짝이는 그림책으로 이어질지 모른다.

배경을
생생하게 구현해보자

 포르투갈로 여행을 갔을 때다. 포르투에 있는 렐루 서점을 갔다. 해리 포터 시리즈에 영감을 준 곳, 세상에서 가장 아름다운 서점이라는 명성답게 그곳은 마치 다른 세계처럼 신비로웠다. 양쪽 벽을 꽉 채운 책장 사이사이와 천장은 섬세한 나무 장식으로 수놓아져 있다. 고개를 들면 이층 천장의 아름다운 스테인드글라스가 보인다. 그 틈으로 들어오는 오색의 햇살이란! 원형으로 구불구불 이어지는 장밋빛 계단을 올라가면 또 다른 세계가 펼쳐진다.

 나의 표현력을 보라. 이렇게 아름다운 서점을 이렇게 따분한 몇 단어로 묘사하는 게 고작이라니. 조앤 롤링은 이 서점을 머릿속에 넣어두었다가 '해리 포터 시리즈'라는 멋진 판타지의 세계를 완성했는데! 자괴감이 밀려온다. 어떤 사건이 벌어지는 장소를 생생하고도 매력적으로 그려내는 데는 여전히 훈련이 필요하다.

영화를 본다고 상상해보자. 다양하고 개성 넘치는 등장인물들이 나타나고, 상상도 못 했던 기괴한 사건들이 일어난다. 그런데 이 모든 일들이 하얀 화면 위에서 펼쳐지고, 이 사건이 펼쳐지는 공간도, 이 인물들이 활동하는 시대도 알 수 없다. 과연 관객은 이 영화에 몰입할 수 있을까? 그림책도 같다. 이야기의 배경이 생생하고 구체적일수록 밋밋한 이야기는 생명력을 얻는다. 그림책은 시각적 매체이기 때문에 더욱 그렇다.

배경은 시간과 공간 모두를 가리킨다. 내가 지금 쓰고 있는 이야기의 장소는 어디인지, 사건이 벌어지는 때는 언제인지, 주인공은 어디에 있는지 등이 모두 작가의 머릿속에 생생하게 떠오를 때 이야기도 더욱 생생해진다. 여행을 갔을 때 본 인상적인 장소나 장면도 좋고, 일상의 익숙한 공간도 좋다. 생생하게 떠올릴 수 있는 배경이 있다면, 분명 그림책을 쓰는 데 도움이 될 것이다.

모르는 공간을 창조하는 것은 어렵지만 아는 곳을 자세히 묘사하거나 상상하는 것은 훨씬 쉽다. 우리 눈에 담긴 수많은 장소들이 아직 도토리 상자 속에서 생명을 얻지 못한 글감과 연결되면 비로소 한 권의 그림책으로 완성될지 모른다.

문장 수집가가
되자

　독서는 좋아하지만 글쓰기는 익숙지 않은 이들에게 강력 추천하는 것이 있다. 바로 필사다. 노트나 다이어리를 하나 장만해서, 책을 읽다 마음에 드는 글귀를 만날 때마다 적어보는 것이다. 필사는 생각보다 즐겁다. 직접 쓴 문장은 아니지만, 옮겨 적는 것만으로도 멋진 문장을 창조해낸 듯한 뿌듯함이 느껴진다. 게다가 그저 읽고 지나가기보다는, 한 번이라도 적어두는 것이 훨씬 기억에 오래 남는다. 그렇다고 남의 문장을 기억해두었다가 그대로 베껴 쓰라는 뜻은 물론 아니다. 다만 좋아하는 문장과 조금씩 닮아가기를 바랄 뿐이다.

　필사의 대상이 반드시 책일 필요는 없다. 나는 드라마나 영화 대사, 노랫말도 종종 적어둔다. 중국 드라마를 보다가 알게 된 뜻 모를 한시, 조카가 내게 해준 엉뚱한 말들, 친구와 통화하다 들은 우스갯소리도 어딘가 적혀 있을 테다.

　그림책도 마찬가지 방법으로 필사를 해보면 많은 도움이

된다. 좋아하는 그림책이 있다면 전문을 옮겨 적어보자. 이야기의 흐름, 진행 방식, 작가가 쓰는 단어, 문장의 길이 등이 그냥 읽었을 때와는 확연히 다르게 다가올 것이다. 특별히 인상적인 단어나 문장은 반드시 따로 기록하거나 표시해두자. 언젠가 그 문장 역시 도토리 상자 속 어떤 글감과 만나 완전히 엉뚱한 이야기로 이어질지 모른다.

나는 글이 꽉 막히거나, 어떤 문장이 정리될 듯 정리되지 않을 때 필사 노트를 본다. 최근 적어둔 시부터 몇 년 전 즐겨 듣던 노래의 노랫말까지, 주르륵 훑다보면 꼭 맞춤한 문장을 발견하진 못했더라도 나도 모르게 생각이 정리되며 다음 문장으로 이어갈 수 있게 된다. 신기하다. 어쩌면 필사 노트에 모인 문장들이 나에게 어떤 힘을 주는지도 모르겠다.

추천 그림책

다음에 소개된 그림책들은 기록과 일상에서 찾은 글감이 어떻게 훌륭한 그림책이 되는지에 대한 훌륭한 예시가 될 것이다. 그다지 많이 알려지지는 않은 그림책도 섞여 있지만, 모두 유명 그림책과 비교해도 손색없이 훌륭하고, 메시지는 진솔하고 아름답다. 엄청나게 재미있지는 않아도 따뜻하고 감동적인 일상의 이야기가 때론 더 쓰기 어렵고 귀하다.

《내 고양이는 말이야》 미로코 마치코 글그림, 엄혜숙 역, 길벗스쿨 2018
작가가 사랑하는 고양이 테츠조와 함께한 시간들을 보여주는 그림책이다. 시종일관 "테츠조는 말이야."로 시작되는 텍스트는, 일상의 단면을 보여주는 그림과 함께 테츠조의 성격과 생김새, 테츠조와 겪은 사건들을 독자에게 소개해준다. 하지만 후반부에 이르면, 갑자기 작가가 말을 건네는 대상이 독자가 아닌 테츠조로 바뀌는데 그 이유는 책을 읽지 않은 이들을 위해 비밀로 두겠다. 아무튼 이런 전환 방식이 그림책에서만 볼 수 있는 독특한 방식이라는 것만 밝혀둔다.

《엄마의 의자》 베라 B. 윌리엄스 글그림, 최순희 역, 시공주니어 1999
작가의 어린 시절 경험을 바탕으로 한 그림책이다. 그래서인지 그림과 글의 묘사가 매우 세밀하다. 커다란 유리병에 동전을 한 닢 한 닢 채우다, 결국 동전이 꽉 차자 그 돈으로 엄마를 위한 예쁜 의자를 산다는 이야기인데, 어떻게 동전을 모으는지, 왜 집에는 편히 쉴 의자가 없는지, 새로 산 의자는 어떻게 집에 가져왔는지 등이 꽤 자세하게 그려진다. 글이 조금 많다고 느껴질지도 모르겠지만 집안 사정을 조곤조곤 설명하는 아이의 말을 듣는 느낌으로 재미있게 읽을 수 있고, 읽다보면 왠지 모르게 눈물이 난다. 이게 진짜 이야기의 힘일까?

《어떤 느낌일까?》
나카야마 치나츠 글, 와다 마코토 그림, 장지현 역, 보림 2006
"생글생글 잘 웃는 멋진 여자아이를 만났다. (…) 시간이 갈수록 점점 더 몸을 움직일 수 없는, 들어본 적도 없는 어려운 이름을 가진 병. 일본에서도 이 병에 걸린 사람이 세 명쯤밖에 없다는, 치료가 어려운 병이다. 그 아이와 만나 이야기하고 나서 여러 가지를 생각했다." 책 말미에 실린 작가의 말이다. 책을 다 읽고 이 글을 보면, 이 책이 어째서 이토록 생생하게 마음을 울렸는지 그 이유를 깨닫게 된다. 작가는 여자아이와의 대화를 오랫동안 곱씹으며 이 책을 썼을 것이다. 대단한 사건은 하나도 일어나지 않는 책이지만, 장애를 다룬 그림책 가운데 최고의 그림책이 아닐까 감히 생각해본다.

《수박 수영장》 안녕달 글그림, 창비 2015
더운 여름날, 커다랗고 둥그런 수박을 반으로 갈라, 그저 숟가락만 준비해 퍼먹는다. 석, 석, 석, 숟가락이 들어가는 소리, 선풍기 바람, 시원하고 달콤한 수박 맛에 더 바랄 게 없어진다. 하나도 특별할 것 없는 여름날의 풍경을 작가는 자기만의 판타지로 풀어냈다. 마음만큼은 휴양지에 온 것 같은 그 느낌을 수박 속 커다란 수영장이라는 구체적인 이미지로 그려낸 것이다. 지금 이 글을 쓰기 위해 다시 이 그림책을 읽을 수밖에 없었다. 집에 수박이 없는데 큰일이다!

《우리는 엄마와 딸》 정호선 글그림, 창비 2014
그림책 작가이자 딸의 엄마로 살아가는 작가의 일상이 고스란히 녹아 있는 그림책이다. 집은 어수선하고, 일하는 엄마는 언제나 바쁘고, 덩달아 딸도 바쁘다. 함께 하는 집안일, 함께 하는 산책, 때로 아무것도 안 하는 날이면 배달시켜 먹은 짜장면 그릇이 바닥에 아무렇게나 놓여 있기도 하다. 둘뿐이라서 더 힘들 때도 있지만, 둘이라서 행복한 것만은 언제나 진실인 두 사람. 짧은 글과 복잡한 그림 속 진실한 이야기가 마음을 찡하게 울린다.

평범한 단어로 시작된 이야기
그림책 《한숨 구멍》 창작 노트

 몇 년 전 직장인이었던 시절, 세상 어디에나 있고 결코 피해갈 수 없는 이상한 직장 상사가 나에게도 있었다. 부서 회의를 한 번 할 때마다, 전 부서원의 얼굴을 흙빛으로 만드는 사람. 유달리 괴로웠던 어느 날의 회의를 마치고, 책상으로 돌아와 깊은 한숨을 휴, 내쉬었다. 답답한 사람은 나 혼자만이 아니었는지, 한숨 소리는 여기저기서 들려왔다. 책상 너머 동료가 내뱉은 한숨은 어찌나 컸던지 나도 모르게 이렇게 말하고 말았다.

 "과장님 책상에 구멍이 뻥 뚫리겠네요."

 《한숨 구멍》은 이렇게 시작된 그림책이다. 처음에는 '한숨'과 '구멍'이라는 두 단어만 있었다. 그런데 그 두 단어를 연결시키니 재미있는 그림이 떠올랐다. 한숨에 뻥 뚫려버린 구멍이라니! 책상에 뻥 뚫린 구멍은 마치 내 가슴에 뻥 뚫린 구멍 같기도 했다. 아픈 동시에 시원한 느낌이었다. 가슴에 구멍이 뻥 뚫릴 정도로 괴로운 일이 나에게 또 뭐가 있을까? 새 직장에서 더 끔찍한 상사를 만나는 것?

 이런 식으로 생각은 꼬리에 꼬리를 물고 이어져, 고통받던

삼십대 후반 직장인인 나는 가족이 아닌 타인에게는 말 한마디 걸지 못했던 어린 시절의 소심한 나로 돌아갔다. 그리고 어린 나에게 닥쳤다면 가장 끔찍했을 것만 같은 상황, 바로 전학을 가는 상상에 이르렀다.

아마도 아침에 눈을 뜰 때부터 울고 싶었을 것이다. 마치 회의실로 가려고 몸을 일으킬 때의 내 심정처럼. 밥을 먹어도 얹힐 것만 같겠지. 회의를 마친 내 심정처럼. 계속 한숨만 쉬겠지. '후유' 하고.

《한숨 구멍》의 주인공 송이는 아침에 눈을 떴을 때부터 무언가 이상하다. 까만 구름이 가슴속에 가득 차서 자꾸 한숨만 쉬게 된다.

"후."

밥을 먹을 때도, 아빠와 함께 유치원에 갈 때도, 송이의 가슴속에는 까만 구름이 가득해 갑갑하다. 새로 만난 친구들과 노래를 부르고 춤을 춰도 하나도 즐겁지 않고, 새 짝꿍 아영이와 바람개비를 만들고 한자리에서 점심을 먹어도 까만 구름은 사라질 생각이 없다. 이제는 배 속에 까만 구름이 가득 찼다. 그래서 또 한숨만 쉴 뿐이다.

"후유."

왜 까만 구름은 사라지지 않는지, 그게 걱정이 되어 송이는 또 한숨을 쉰다.

"후유우."

까만 구름은 점점 더 커져서 송이의 머릿속까지 차오르고, 한숨을 쉬면 쉴수록 더욱 커지더니 결국, 뻥! 하고 터져버렸다. 송이 가슴에 커다란 한숨 구멍이 뚫리고, 구멍 속에서 까만 구름이 뭉게뭉게 피어나더니 세찬 비를 뿌리기 시작한다.

마음속 두려움의 실체를 온전히 파악하고 내뱉기란 아이도 어른도 어렵기는 마찬가지다. 송이는 새 유치원에 가는 일이 무척 두렵고 무서웠고, 엄마와 아빠에게서 아마 "괜찮아." "잘할 수 있어."라는 말을 여러 번 들었을 테다. 괜찮은 일이라고 했으니까, 잘할 수 있을 거라 들었으니까, 송이는 두렵지만 두렵다고 말하지 못하고 그저 한숨만 쉰다. 직장 상사의 모진 말 따위에 상처받을 시간에 더 나은 기획서를 쓰기 위해 노력하자고 다짐하며 한숨만 쉬었던 내 모습처럼. 송이의 가슴에 뻥 뚫린 구멍은 사실 한숨으로도 풀리지 않는 아이의 마음이 터뜨린 울음을 시각화한 것이다. 꽁꽁 숨겨두었던 마음속 두려움은 검은 구름의 모습으로 뻥 뚫린 구멍에서 흘러나온다. 빗물은 그 두려움으로 인해 흘리는 굵은 눈물방울이다.

송이가 용기를 얻는 후반부를 쓰면서, 나는 "괜찮아." 혹은

"이건 아무것도 아니야." 등의 손쉬운 위로의 말을 쓰지 않으려 조심했다. 세상에 아무것도 아닌 일은 없다. 스스로 용기를 내어 극복하기 전에는. 대신 나는 송이에게 선생님의 따스한 손길과 천진난만한 친구의 선물이 불러일으키는 시원한 바람을 선물했다. 그리고 언제나 등 뒤에서 자신을 불러줄 엄마의 목소리까지. 그렇게 송이의 한숨 구멍이 따뜻하고 기분 좋은 것들로 메워졌다. 송이의 마음속에는 내일은 아마 오늘보다 잘할 수 있을 것이라는 작은 용기의 봉우리가 검은 구름 사이로 솟아났을 것이다.

끔찍한 회의를 마친 그날, 내 가슴에도 한숨 구멍이 뻥 뚫렸다. 비록 송이처럼 속 시원히 소리 내어 울 수는 없었지만. 하지만 내 한숨 구멍은 금세 시원한 바람과 다정한 사람들의 말소리, 맛있는 저녁식사로 차올랐다.

《한숨 구멍》은 초등학교에 입학하거나 유치원, 어린이집에 처음 가는 어린이들에게 추천하는 책이다. 이 그림책의 시작이 회의에 지친 직장인의 심경이었다는 것은 우리끼리의 비밀로 하자.

본격적으로
그림책 쓰기

좋은 글의 출발점,
나답게 쓰기

 어떤 그림책 작가 모임에서 작가들의 작품을 검토해준 일이 있다. 한 분이 가제본(실제 책처럼 만든 견본 책)을 보여주셨는데, 어디선가 들어본 익숙한 이야기, 익숙한 구성과 결말이었다. 이미 완성에 가까운 원고였기에 적절한 조언도 생각나지 않았다. 그래서 이렇게 물었다. "이 그림책을 쓰신 이유가 있나요?" 내 질문에 작가는 울음을 터뜨렸다. 그러고는 이렇게 대답했다. "저도 잘 모르겠어요." 왜 쓰는지도 모르는 채 쓰는 것이 작가는 내내 괴로웠던 것이다.

 그림책이나 소설, 혹은 투고된 원고를 읽을 때 가끔 이런 느낌이 들 때가 있다. '이건 왠지 가짜 같아.' 왠지 가짜 같은 글, 피상적인 글에는 결여되어 있는 것이 있다. 바로 진실함이다. 흔히들 말하는 '진정성'. 좋은 글에서 독자는 진정성을 느낀다. 진정성이 없는 글은 독자의 마음에 가닿지 못한다. 하지만 이 책에서 문학의 진정성은 무엇이고 어떻게 표현되어야 하는지를 설명하고 싶지는 않다. 아니, 설명할 수가 없다. 진정성은 독자가 읽었을 때 느끼는 것이지, 작가가 스스로 설명하고 증명할 수 있는 것은 아니기 때문이다.

대신 이렇게 얘기해볼 수는 있겠다. 내가 감당할 수 있는 주제를 나답게 쓴다면 진정성을 담은 글에 '가까워질' 수 있다. 그렇다면 나답게 쓴다는 것은 무엇일까? 솔직하게 쓰는 것? 아니면 나만의 문체로 쓰는 것? 그것도 맞는다. 하지만 내가 더 중요하게 생각하는 것은 다음과 같다.

1. 내가 세상을 바라보는 시선과 나만의 메시지를 담아서 쓰기
2. 내가 경험한 사건과 감정을 섞어 쓰기

내가 쓴 글을 앞에 두고 질문을 던져보자. 어떤 메시지를 전하고 싶은가? 그 메시지를 나는 진실로 믿고 있는가? 혹시 속으로는 그 메시지를 냉소하면서도, 독자들이 이런 주제의 글을 좋아하니까 어쩔 수 없이 쓴다고 생각하지 않았는가? 기승전결을 완벽히 갖추기 위해, 사건을 억지로 지어내지는 않았는가? 등장인물이 느끼는 감정에 동화된 적이 과연 있는가? 아무리 플롯이 훌륭하고, 기승전결을 완벽하게 갖추고

있고, 주인공과 조연과 배경과 무대가 잘 설정되어 있는 글이라 해도 앞의 두 가지가 없다면 어딘가 허전하고 진부해지기 쉽다.

나도 종종 내가 쓴 글이 가짜라는 것을 다른 이가 알려주고 나서야 알아차리곤 한다. 특히 커다란 이야기, 대단한 주제에 집착하다보면 주제에 압도된 나머지 나답게 쓰는 방법을 잃어버린 채 피상적인 글을 억지로 쓰게 된다. 괜찮다. 다시 쓰면 되니까. 오히려 책이 출판되기 전, 적절한 조언을 받은 것을 다행으로 여긴다.

조금 다른 얘기지만, 앞에서 살펴본 것처럼 내가 쓴 글은 어쩔 수 없이 나를 드러내고 만다. 내가 편협하고 오만하고 비뚤어져 있다면, 내가 쓰는 글도 어쩔 수 없이 편협하고 오만하고 비뚤어진 글이 될 테다. 정말 좋은 사람이 되고 싶다. 그래야 좋은 글이 나올 테니.

가장 쉬운 길이
가장 좋은 길이다

처음부터 존 버닝햄이 될 순 없다. 인류 역사에 획을 그을 만한, 어마어마한 명작을 쓰고 싶겠지만 일단 욕심을 내려놓자. 그리고 '쓰고 싶은' 것이 아니라 '쓸 수 있는' 것에 집중해보자.

제일 먼저 할 일은 지금 내가 감당할 수 있는 주제를 선택하는 것이다. 그동안 모은 글감 중에서 가장 쓰기 편한 것, 혹은 가장 잘 아는 것을 고르자. 그런 다음 소화할 수 있을 만한 수준의, 머릿속에 잘 그려지는 단순한 구성으로 쓰기 시작하자. 잔뜩 멋 부린 문장보다는 편안하고 짧은 문장으로 쓰도록 노력하자. 문장은 나중에 다듬어도 괜찮다.

글과 그림에 모두 도전하는 작가라면 더더욱 쉬운 길로 가야 한다. 예를 들어, 인물 그림보다는 동물 그림에 자신이 있다면 주인공을 사람이 아닌 동물로 바꿔서 써보자. 동적인 그림보다는 정적인 묘사가 장기라면, 글도 단순하고 차분하게 쓰는 것이 그림을 붙이기 좋을 것이다. 자신이 좋아하는 작가가 어떻게 글을 썼는지를 탐독하고, 따라해보는 것도 좋다. 좋아하는 작가의 그림책을 닮아가기 마련이니까.

 너무 안전하게만 느껴진다고? 하지만 새로운 것에 도전하는 일은 중견 작가들에게도 어렵다. 쉬운 길을 찾는 것은 결코 부끄럽거나 비겁한 일이 아니다. 오히려 작품의 완성도를 끌어올리는 영리한 방법이다. 복잡하고 실험적이지만 완성도가 조금 떨어지는 그림책과 단순하지만 이해하기 쉽고 완성도가 높은 그림책이 있다. 독자는 어떤 책을 선택할까? 후자를 선택할 독자들이 훨씬 많을 것이다. 출판은 글과 그림이라는 예술 작품으로 상업적 결과물을 만들어내는 일이라는 것을 잊지 말자.

독자를 구체적으로
상상하며 쓰자

 혹시 이미 쓰고 있는 그림책이 있다면, 이 질문을 던지고 싶다. "그 그림책의 독자는 누구인가요?" 혹시 "그림책을 좋아하는 사람"이나 "책 읽기를 좋아하는 어린이" "아이를 키우는 엄마" "고양이를 좋아하는 사람"일까? 그렇다면 질문을 다시 던지겠다. "나와 가까운 사람 가운데서 첫 번째 독자를 선택해주세요." 멀리 있는, 누군지 잘 모르는 거대한 집단이 아니라, 내 곁에 있는, 내가 잘 아는 한 사람을 독자로 상정하기를 바란다. 그리고 그 사람에게 이 그림책을 읽어준다고 상상하는 것이다.

 이를테면, 나는 초등학생을 위한 그림책을 쓸 때는 나의 조카에게 들려주는 이야기라고 상상한다. 조카의 생활과 조카가 쓰는 단어들, 좋아하는 것들, 조카와 함께 보낸 시간을 떠올리면서. 에세이를 쓸 때는 내 친구 S에게 들려주는 이야기라고 생각하고, 소설을 쓸 때는 나와 소설 취향이 잘 맞는 동료 J님을 떠올린다. 이들은 이 사실을 모르겠지만.

 이렇게 하면 좋은 점은 두 가지다. 첫째, 망망대해를 떠다니며 내 목소리를 듣는 사람이 과연 있을지, 어디로 가야 독자를 만날 수 있을지 같은 알 수 없는 두려움에서 벗어날 수 있다. 최소한 내 마음속에 독자가 한 명은 있는 셈이니까. 원고가 갈 길을 잃거나 생기가 없다고 느껴질 때도 마음속 첫 독자를 떠올리면 가야 할 방향을 가늠할 수 있다. 둘째, 이 첫 번째 독자를 중심으로 구체적인 독자를 점차 늘려갈 수 있다. 내 친구 S가 마음속 첫 번째 독자인 경우, 보통은 내 또래 여성이라면 공감할 만한 그림책으로 발전할 가능성이 있다. 나의 열 살 조카가 첫 번째 독자라면 초등학교 저학년 남자아이들을 중심으로, 게임이나 모험, 스포츠를 좋아하는 초등 저학년이 모두 재미있게 읽을 만한 그림책으로 발전될 수도 있을 것이다.

너도 알고 나도 아는
그 무엇

누군가의 이야기에 공감하려면, 그 이야기를 우선 이해할 수 있어야 한다. 반대로 내 이야기에 누군가 공감했으면 하고 바란다면, 상대가 충분히 이해할 수 있을 만한 이야기를 하자. 글을 쓸 때도 마찬가지다. 대상 독자가 누군지 정했다면, 그도 알고 나도 아는 그 무엇, 그도 좋아하고 나도 좋아하는 것, 즉 공감대를 형성할 수 있는 무언가를 반드시 설정해야 한다. 대상 독자가 4~6세 어린이라면, 내가 그 나이 대에 좋아했던 무언가 가운데 현재의 아이들도 흥미를 가지거나 좋아할 만한 것이 무엇일까 고민해야 한다. 내가 어린 시절에 고무줄놀이를 가장 좋아했다고 해서 요즘 어린이도 마냥 고무줄놀이를 하며 놀 거라 쉽게 짐작해서는 안 된다.

다 쓰고 보니 독자의 범위가 너무 좁은 것 같다면 오히려 그것을 원고의 특색으로 살려 특정 독자층이 깊이 공감할 수 있는 내용으로 원고를 채우면 된다. 고양이에 대한 그림책을 쓰려고 하는데 대상 독자가 나와 같은 고양이를 좋아하는 사십대 여성이라면, 우리 같은 여성들이 반드시 관심을 가질 수밖에 없는 어떤 것, 이를테면 젤리 같은 고양이의 발바닥이나 하찮은 작은 앞니 같은 것을 반드시 이야기 안에 포함시키자. 이렇게 선명하고 구체적인 것들을 하나씩 덧붙이다보면 자연스레 글에 생동감이 생긴다.

쓰다 멈춘 이야기를
다시 이어갈 두 가지 방법

 어떤 영감이 떠올라 신나게 이야기를 쓰기 시작했는데, 중반부에서 이야기가 딱 멈춰버렸다. 아무리 궁리해봐도 흔하디 흔한 결말밖에는 떠오르지 않는다. 혹은 결말을 미리 정해두고 이야기를 시작했는데, 중반부에 다다르자 결말과 자연스레 연결되지 않는다. 아마 이야기를 써보고자 했던 사람이라면, 누구나 이런 경험이 있을 것이다. 나에게도 시작과 결말만 있고 가운데가 비어 있거나, 흔한 결말로 마무리 짓기가 싫어 결말 없이 남겨둔 이야기가 수없이 많다. 이렇게 쓰다 멈춘 이야기를 다시 이어가려면 어떻게 해야 할까?

 1. 시공간적 배경을 구체화하기
 지금 쓰고 있는 이야기의 시공간적 배경이 구체적인지 검토해보자. 시공간적 배경이 희미해 이야기가 풍성해지지 못하는 상황일 수 있다. 주인공이 사는 집은 어떻게 생겼는지,

사건이 벌어지는 계절은 가을인지 겨울인지 등 이야기를 써 나갈 때 미처 고려하지 않았던 시공간적 배경에 대해 스스로 질문을 던져보자. 질문의 답을 하나씩 찾아갈 때마다 이야기는 그에 맞게 바뀌고 결국 생각지 못했던 결말에 다다를 것이다. 흔하다고 생각했던 결말이 구체화된 시공간과 만나자 멋진 결말이 될 수도 있다.

로베르토 인노첸티가 그린 《신데렐라》(샤를 페로 글, 이다희 역, 비룡소 2007)는 시공간을 구체화해 흔한 이야기를 마치 새로운 이야기처럼 뒤바꾼 좋은 예이다. 인노첸티가 그린 신데렐라는 우리가 흔히 상상하는 디즈니의 신데렐라와도 다르고, "옛날 옛날에"로 시작되는 수많은 신데렐라 그림책 속 신데렐라와도 다르게 생겼다. 이 책의 배경이 1920년대 런던이기 때문이다. 턱선 위로 올라오는 짧은 단발머리, 자연스레 몸의 굴곡을 드러내는 드레스를 입고 무심하게 담배를 태우는 여성들이 등장했던 시대! 신데렐라 역시 검은 단발머리에 하얀 드레스를 입고 왕자와 춤을 춘다. 그러다 시계가 12시를 알리자 호박마차가 아니라 주차된 자동차 뒤로 사라진다. 배경만 구체적으로 덧입혔을 뿐인데도 익숙한 신데렐라 이야기가 완전히 새로운 이야기인 듯 느껴진다. 이 책의 결말은 어떨까? 신데렐라의 새엄마가 결혼식 사진을 보며 술잔을 앞에 두고 씁쓸하게 담배를 피운다. 책을 덮고 나면 마치 신데렐라의 새엄마가 이 책의 숨은 주인공은 아니었을까 싶을 정도로 진한 여운이 남는다.

2. 등장인물 추가하기

이야기의 중반부가 너무 밋밋하거나 결말로 자연스레 이어지지 않는다면, 등장인물을 한두 명 추가해보자! 주인공에게만 너무 집중한 나머지 비중 있는 조연을 내세우지 못했거나, 조연에게 결정적인 역할을 부여하지 않았을지도 모른다. 비중 있는 조연이 등장하면 이야기의 중반부는 자연스레 풍부해지고, 주인공과의 대립을 통해 갈등이나 위기를 고조시킬 수도 있다.

《애너벨과 신기한 털실》은 주인공 애너벨이 뜨고 또 떠도 떨어지지 않는 신기한 털실이 담긴 상자를 주우면서 시작된다. 애너벨은 마을 사람 모두와 동물들 심지어 나무와 집에도 털실로 만든 옷을 선물한다. 무채색의 차가운 마을은 애너벨 덕분에 달라진다. 이야기는 여기서 끝날 수도 있다. "조그만 마을은 달라졌어요. 애너벨의 아름다운 이야기는 전 세계로 퍼져나갔답니다. 애너벨은 행복했어요." 하고.

하지만 갑자기 먼 나라 귀족이 나타나면서 이야기는 급변

한다. 어느 날 밤, 그는 도둑 세 명을 고용해 애너벨의 집에서 털실 상자를 훔쳐 달아나버린다. 하지만 귀족이 상자를 열자 안은 텅 비어 있었고 화가 난 그는 저주를 퍼부으면 상자를 바다에 던져버린다. "이 꼬맹이, (…) 너는 다시는 행복하지 못할 것이다!" 이야기는 털실을 다시 찾은 애너벨의 모습을 비추며 다음 문장으로 끝난다. "애너벨은 행복했답니다." 결말은 같지만, 귀족의 등장으로 이야기는 더욱 풍성해졌고 결말의 여운도 진해졌음을 알 수 있다.

주인공이 가장 좋아하는 음식은 무엇일까?

그림책 원고가 어느 정도 완성되었다면, 이제 아래와 같은 질문을 머릿속에 던져보자.

주인공은 사람인가요, 동물인가요, 다른 무엇인가요?
몇 살인가요?
사람이나 동물이라면 여성인가요, 남성인가요?
수줍은가요, 활달한가요?
무엇을 할 때 가장 행복한가요?
가장 좋아하는 음식은 무엇인가요?
무엇을 가장 두려워하나요?
제일 잘하는 것은 무엇인가요?
그밖에 주인공에 대해 알고 있는 것이 있나요?

"주인공에 대해 이렇게까지 자세히 알아야 할까요? 어차피 짧은 그림책 안에 다 써넣지도 못할 것 같은데요." 하고 반문할 수도 있겠다. 그렇다. 당신이 주인공에 대해 알고 있는 사소한 것들이 아마 책에는 다 드러나지 않을 것이다. 하지만 알고 있어야 한다. 왜냐하면 주인공이야말로 가장 중요한 요소이기 때문이다. 주인공은 독자의 공감을 얻어야 하며, 주인공이 매력적이면 매력적일수록 독자는 이야기에 깊이 빠져들 것이다.

만약 그림을 다른 작가가 맡아 그리게 된다면, 이런 구체적인 정보들은 더욱 중요해진다. 분명 일곱 살 여자아이를 주인공으로 생각하고 쓴 글인데, 스케치를 보니 남자아이가 그려져 있다면 적잖이 당황하게 될 테니까. 그림 작가는 그림을 그리기 전 주인공에 대한 나름의 이미지를 그려볼 테고, 어쩌면 글 작가에게 주인공에 대한 더 구체적인 정보를 문의해올지도 모른다. 주인공의 말투나 버릇을 통해 성격과 기호 등을 짐작할 수 있게 해준다면 그림 작가는 주인공을 더욱 생생하게 그려낼 수 있다.

《한숨 구멍》의 주인공은 송이다. 이제 막 일곱 살이 된 수줍은 여자아이. 엄마가 만들어준 오므라이스를 제일 좋아하고, 가장 행복한 순간은 야옹이와 엄마와 함께 동화책을 읽는 때다. 산책을 나가면 기어가는 개미나 송충이를 구경하는 게 재미있다. 낯선 사람을 무서워하고, 혼자 있을 때 세상이 온통 조용해진 것 같으면 덜컥 겁이 난다. 일주일 전에 새집으로 이사를 왔다. 친구들과도 헤어졌다. 그래서 무서운 게 아주아주 많아졌다……. 물론 이 모든 게 책에 등장하지는 않는다. 하지만 이런 성격 때문에, 송이는 새 유치원에 가는 게 너무나 무서웠고, 한숨을 쉬다 쉬다 가슴이 뻥 뚫려버렸다.

주인공뿐만이 아니다. 그림책 속 등장인물들을 모두 구체적으로 상상해보자. 주변 사람들을 떠올리며 인물을 하나하나 완성해가는 것도 좋은 방법이다.

주인공은 아무 이유 없이 행동하지 않는다

 독자는 주인공의 성격을 이해하고 나면, 주인공이 왜 그런 행동을 하는지 자연스레 이해하고 감정을 이입한다. 게다가 주인공의 성격은 주인공이 어떤 행동을 하는 동기가 되고, 따라서 사건 진행에 깊이 영향을 미친다. 다시 말해, 주인공이 어떻게 설정되느냐에 따라 그림책 속 이야기는 완전히 달라질 수 있다. 반대로 말하면 마음속에 정해놓은 구성, 즉 플롯이 있다면, 주인공의 성격도 그와 잘 어울리게 설정되어야 이야기가 자연스럽게 흘러갈 수 있다.
 이야기 속에서 갑자기 의외의 사건이 터지거나 갈등이 발생했다. 주인공은 어떤 행동을 할까? 혹은 어떤 결정을 내릴까? 독자들은 지금껏 알고 있는 주인공의 성격에 따라 앞으로 벌어질 일을 짐작할 테지만 주인공이 의외의 결정을 내린다면 독자들을 놀라워 하며 그 이유를 궁금하게 여길 것이다.
 이런 일관성과 의외성이 균형 있게 유지된다면 독자는 그림책을 끝까지 흥미롭게 읽을 수 있다. 작가가 주인공과 일체가 되어 깊이 감정이입하는 게 중요하다. 주인공을 깊이 이해하고 글을 쓰지 않으면 아무리 훌륭한 플롯 위에 주인공이 행동하더라도 독자들은 주인공의 행동에 공감하는 데 어려움을 느낄 것이다. 그림책 원고가 잘 써지지 않는다면, 어떻게 진행되어야 재미있을까를 고민하기보다는 주인공은 지금 무슨 생각을 할까, 내가 주인공이라면 어떤 결정을 내릴까를 고민하자. 그 사소한 것들이 모여 어쩌면 생각과는 다른 멋진 결말이 완성될지도 모른다.

주인공이
꼭 사람이어야 할까?

반드시 사람이 주인공이어야 한다는 고정관념을 버리면, 갑자기 쓸 수 있는 이야기가 많아진 것만 같은 느낌이 든다. 주인공은 사람일 수도 있지만, 동물 혹은 사물일 수도 있다. 또 사람인 주인공을 동물이나 사물로 바꿔치기할 수도 있다. 진짜 주인공은 사람이지만, 사람인 체하는 동물 혹은 사물에게 주인공의 역할을 대신 맡기는 것이다.

하지만 특별한 이유도 없이 사람을 동물이나 사물로 바꿔버리는 건 위험하다. 주인공의 개성과 맞닿는 지점이 있는 동물 혹은 사물이라서 진짜 주인공을 대변할 수 있는지, 의인화를 어느 정도까지 할 것인지(직립보행을 하고 옷을 입고 걸어다니게 할 것인지, 동물적 특성을 그대로 살릴 것인지) 등을 세심하게 살피고 결정해야 한다. 단순히 곰이나 고양이를 좋아하니 주인공으로 삼겠다고 생각해선 안 된다. 그리고 가장 중요하게는, 주인공을 바꾸었을 때 더욱 재미있어지거나 전달하고자 하는 메시지가 분명해지는 등 유리한 점이 있어야 한다는 것이다.

무거운 주제를 담은 그림책이라면 사람 주인공을 동물이나 사물로 바꾸는 게 분명 유리할 수 있다. 동물이나 사물은 엉뚱하게 행동해도 도덕이나 관습의 테두리에서 쉽게 벗어날 수 있다. 또 독자들은 인간 대신 등장한 동물이나 사물 덕분에 자신도 모르게 무거운 주제도 쉽게 받아들이게 된다. 다음은 바뀐 주인공이 훌륭히 제 역할을 해낸 멋진 그림책들이다.

《곰 인형 오토》 토미 웅거러 글그림, 이현정 역, 비룡소 2001

오토는 유대인 남자아이인 다비드의 인형이다. 인형인 주인공은 전쟁의 참상을 온몸으로 표현한다. 지하대피소에서 폭격을 맞고, 가족과 헤어지고, 총을 맞고, 납치당해 버려졌다가 겨우 가족의 품으로 돌아가 자신이 겪은 이야기를 책으로 쓰게 된다. 오토가 쓴 책이 바로 우리가 읽은 이 그림책이다. 주인공이 인형이 아닌 아이였다면? 어린이들을 위한 그림책으로는 출간되기 힘들었을 것이다.

《내가 함께 있을게》 볼프 에를브루흐 글그림, 김경연 역, 웅진주니어 2007

어느 날, 주인공 오리에게 해골 친구가 찾아온다. 그 친구는 자신을 '죽음'이라고 소개한다. 주인공이 어린아이였다면 대부분의 독자들이 섬뜩하다 느꼈을 것이다. 오리가 주인공인 덕분에, 독자들은 삶과 죽음의 의미에 대해 훨씬 더 집중하며 책을 읽을 수 있다. 오리와 해골 친구는 다정한 사이가 되어, 죽는 순간까지 함께한다. 오리가 떠나자, 해골 친구는 죽음을 준비하는 다른 동물 친구를 향해 떠난다. 철학적인 질문을 던지면서도 꽤 슬프고 아름다운, 독특하고 훌륭한 책이다.

《난 곰인 채로 있고 싶은데…》
요르크 슈타이너 글, 요르크 뮐러 그림, 고영아 역, 비룡소 1997

곰이 숲속에서 겨울잠에 든 동안, 숲이 공장으로 바뀌었다. 봄이 되어 곰이 땅속에서 기어나오자 숲은 흔적도 없고 커다란 공장 안이다. 설상가상, 공장 감독은 왜 빨리 일을 하지 않고 빈둥거리느냐고 곰에게 호통을 치는데…….

곰이 아무리 자신이 곰이라 말해도 아무도 믿어주지 않고, 고분고분 작업복을 입고 시키는 대로 버튼을 눌러야만 만족하는 사람들의 모습은 현대 사회의 단면 같다.

글을 풀어가는
다양한 방식에 대하여

짐 외삼촌께

저녁을 다 먹고 나서 할머니가 말씀하셨어요. 우리 집 형편이 나아질 때까지 제가 외삼촌네서 살면 어떻겠느냐고 하셨다면서요? 할머니에게 들으셨어요? 아빠가 오랫동안 일자리를 구하지 못했고, 이제는 아무도 엄마에게 옷을 지어 달라고 하지 않는다는 걸요.

그림책 《리디아의 정원》은 이렇게 시작된다. 주인공 리디아가 외삼촌에게 쓴 편지로. 이 책은 처음부터 끝까지 리디아가 쓴 편지로 되어 있다. 물론 작가는 다른 방식으로 글을 쓸 수도 있었을 것이다. 작가가 삼인칭을 선택했다면 어떻게 되었을까?

어느 날 저녁이었어요. 할머니가 리디아에게 이렇게 말했지요.

"외삼촌 집에 가서 살아보면 어떻겠니?"

리디아의 아빠는 오랫동안 일자리를 구하지 못했어요. 리디아의 엄마는 옷을 짓는 일을 했지만, 일감이 많지 않았지요. 그래서 리디아의 집은 형편이 무척 좋지 못했어요. 외삼촌은 그 사정을 알고 리디아를 맡기로 했어요.

일인칭 시점으로도 얼마든지 다르게 쓸 수 있었을 것이다.

어느 날 저녁이었어요. 할머니가 나에게 이렇게 말씀하셨지요.

"리디아야, 외삼촌 집에 가서 살아보면 어떻겠니?"

아빠는 오랫동안 일자리를 구하지 못했어요. 엄마에게 옷을 지으러 오는 사람도 없고요. 외삼촌이 그런 사정을 알고 있었던 걸까요?

"할머니가 외삼촌께 연락하셨어요?"

나는 할머니에게 이렇게 물었어요.

일기 쓰기 방식도 있다.

○○월 ○○일

저녁을 먹는데 할머니가 말씀하셨다. 외삼촌 집에 가서 살면 어떻겠냐고. 외삼촌이 우리 집 상황을 어떻게 알았을까? 아빠는 일자리를 구하지 못한 지 오래되었다. 이젠 엄마에게 옷을 지으러 오는 사람도 없다. 우리 집 형편이 이렇게 안 좋다는 걸 알고 나를 맡아주시려는 걸까?

선택은 작가의 몫이다. 분명한 것은 《리디아의 정원》의 작가 사라 스튜어트는 최고의 선택을 했다는 것이다. 편지글이라는 형식은 자칫 지루할 수 있는 이 이야기에 생동감을 불어넣었다. 독자들은 첫 페이지를 읽자마자 리디아가 다정하고 호기심 넘치는 아이라는 인상을 편지에서 받았을 것이다. 게다가 구구절절 설명하지 않았는데도 리디아의 상황과 가족 관계까지 순식간에 알게 된다. 리디아는 가족과 떨어져 살게 되겠지만, 편지의 말투로 보아 기대감이 엿보인다. 리디아에게 앞으로 어떤 일이 펼쳐질까!

지금 구상하고 있는 그림책에 어떤 방식의 글쓰기가 가장 효과적일지 생각해보자. 조금 시간이 걸리더라도 시험 삼아 여러 방식으로 써보는 것도 좋다. 이야기가 막혔을 때도 이런 식으로 방식을 달리해보면 뜻밖의 해답을 얻을 수도 있다.

뼈다귀가 필요하다

윌리엄 스타이그의 그림책 《멋진 뼈다귀》(윌리엄 스타이그 글그림, 조은수 역, 비룡소 1995)는 내가 제일 좋아하는 그림책 중 하나다. 이야기는 이렇다. 주인공 펄은 학교를 마치고 집으로 가는 길에 숲속에 앉아 잠시 쉬기로 했다. 그런데 어디선가 말소리가 들려온다. 뼈다귀다. 작은 뼈다귀가 말을 하는 것이다! 수다스러운 펄과 만만찮게 수다스러운 뼈다귀는 금세 친구가 되어 함께 집으로 향한다. 그런데 갑자기 여우가 나타나더니 펄을 납치해 자기 집으로 데려간다. 잡아먹기 위해서다. 여우가 돼지(그렇다, 펄은 돼지다)를 잡기 위해 준비를 하는데 갑자기 뼈다귀가 이상한 주문을 외운다. 뼈다귀는 예전에 마귀할멈과 오래 함께 지낸 덕분에 마법의 주문 몇 개를 외우고 있었던 것이다! 여우는 주문에 걸려 생쥐처럼 작아지고 펄과 뼈다귀는 함께 집으로 돌아가 행복하게 지낸다.

이 이야기에서 배울 점이 몇 가지 있다. 첫째, 등장인물은 모두 동물인데 의인화된 동물과 그렇지 않은 동물이 섞여 있다는 점이다. 역할을 부여받은 동물들은 모두 의인화되어 있으며 악당 여우를 제외하고는 다들 이름이 있거나 할아버지, 아저씨, 엄마, 아빠 등 사람처럼 불린다. 인간의 이야기이지만 동물 주인공을 내세워 자칫 위험해 보일 수 있는 납치, 강도 등의 사건을 재미있게 만들었다.

둘째는 바로 뼈다귀다. 말하는 뼈다귀가 없는 이 책을 상상해보자. 주인공이 학교를 마치고 집에 가다 숲속에서 여우에게 납치당했는데, 겨우 탈출해 집으로 돌아온다. 흔한 옛이야기가 연상되는, 어딘가 뻔한 이야기 아닌가? 윌리엄 스타이그는 이 뻔한 이야기에 '말하는 뼈다귀'라는 신기한 캐릭터를 집어넣어 완전히 다른 이야기를 창작해냈다. 뼈다귀는 주인공과 우정을 나누고 용기를 주며 위기를 헤쳐나가고 엉뚱한 요술까지 부린다. 뻔한 이야기는 뼈다귀가 부리는 마법 덕분에 참신하고 재치 넘치며 감동을 주는 이야기로 바뀌었다.

우리에게 필요한 건 시작부터 끝까지 완전히 새롭기만 한 글이 아니다. 매력 넘치는 뼈다귀다.

◯ 추천 그림책

'나답게 쓰기'의 훌륭한 예시가 될 그림책 두 권과, 마법의 뼈다귀를 지닌 그림책 한 권을 소개하겠다. 진실함이 담긴 그림책은 화려한 수식이나 대단한 주제 의식이 없어도 독자의 마음을 사로잡는다. 그리고 마법의 뼈다귀는 책에 담긴 주제를 더욱 특별하고 중요한 것으로 만들어, 그림책을 더욱 매력적이고 흥미진진하게 변신시킨다.

《나는 강물처럼 말해요》
조던 스콧 글, 시드니 스미스 그림, 김지은 역, 책읽는곰 2021

"나는 강물처럼 말해요."는 작가 조던 스콧이 스스로를 정의하는 말인 동시에, 이 그림책의 제목이자, 마지막 문장이다. 조던 스콧은 이 책에서 어린 시절의 기억을 조용하고 잔잔하게 서술할 뿐이지만, 글의 밑바닥에는 아이의 슬픔과 외로움, 난처함, 절망감이 소용돌이친다. 그리고 휘몰아치는 감정은 그림 속 강물이 되어 독자의 머릿속에 마치 영화처럼 생생하게 되살아난다.

때로는 세차게, 때로는 잔잔하게, 때로는 머뭇거리면서도 끊임없이 흘러가는 강물처럼, 우리의 말도 때로는 머뭇대고 겉돌면서도 조용히, 천천히 입술을 타고 바깥세상으로 흘러나온다. 유창하고 다듬어진 말보다 더듬는 말들, 수줍어 움츠러드는 말들이 강물 소리처럼 더욱 아름답게 느껴진다. "강물이 어떻게 흘러가는지 보이지? 너도 저 강물처럼 말한단다." 조던 스콧에게 이 말을 들려준 그의 아버지에게 감사의 인사를 전한다. 그가 없었다면 우리는 이 아름다운 그림책을 결코 만날 수 없었을 것이다.

《잊었던 용기》 휘리 글그림, 창비 2022

이 책의 주인공처럼, 나도 어렸을 때 친구와 갑자기 멀어진 경험이 있다. 한번 어색해지고 나니 영영 말을 걸 수 없게 되었다. 내가 말을 걸지 않으니 친구도 내게 말을 걸지 않았다. 그러던 어느 날, 친구에게 쪽지가 왔다. "내 생일이었는데도 나한테 말을 안 걸다니, 네가 너무 미웠어. 하지만 용서해줄게. 다시 친하게 지내자." 나는 우물쭈물 친구에게 다가가 말을 걸었다. 그땐 그저 다행이라고만 생각했다. 친구가 쪽지를 쓰면서 어떤 마음이었는지는 조금도 헤아려보지 않았다. 이 책을 읽은 후에야 (무려 30여 년이 흘러서야) 깨달았다. 내 친구가 얼마나 용기 있는 사람이었는지.

나도 이렇게 진솔한 나의 이야기로 타인의 마음을 두드리고 싶다. 그림책을 쓰고 있어서, 이런 그림책을 읽을 수 있어서 행복하다.

《메두사 엄마》 키티 크라우더 글그림, 김영미 역, 논장 2018

메두사가 아이를 낳았다! 그런데 그 아이를 너무나 사랑한 나머지 아이를 자신의 무시무시한 머리카락 속에 가두고 세상과 단절시킨다. 메두사는 오직 아이와 단 둘이 사는 세상이 행복하고 완벽하다고 믿는 듯하다. 하지만 아이는 세상이 궁금하고, 친구를 사귀고 싶고, 학교에 가고 싶어한다. 결국 아이는 메두사의 머리카락을 벗어나 세상으로 나아간다. 메두사는 어떻게 되었을까?

엄마가 메두사이기에 엄마와 아이의 특별한 관계, 엄마의 특이한 성격 등이 별다른 설명이 없어도 자연스럽다. 메두사의 머리카락은 엄마의 사랑을 표현하는 동시에 아이를 구속하는 그물과 같은 시각적 효과를 발휘한다. 메두사라는 마법의 뼈다귀가 이 그림책을 신비롭고 흥미진진하게 만들어주었다. 메두사는 어쩌다가 머리카락 속에 숨어 세상과 단절된 삶을 살게 되었을까? 모두 엄마를 무서워하니 학교에 오지 말라고 하는 딸의 말에 메두사는 상처를 받지 않았을까? 이 책을 읽을 때마다 나는 뼈다귀가 부리는 마법에 다시 사로잡히고 만다.

기획하고 편집하기
그림책 《모두 모두 안녕하세요!》 편집 노트

《모두 모두 안녕하세요!》(홍선주 글그림, 꼬마이실 2021)는 '세계의 집과 가족'이라는 무뚝뚝한 제목의 기획안에서 시작됐다. 내가 기획안을 완성한 때가 2016년 1월이었는데 책이 2021년 5월에 출간되었으니 장장 5년 4개월의 시간이 걸린 셈이다. 기획안을 작성할 때만 해도 나는 나라별 전통 가옥이나 자연환경에 맞게 발전된 가옥의 형태를 보여주는, 그야말로 건물로서의 집을 보여주는 정보 그림책을 상상했었다. 집 안에 특색 있는 소품과 가구 들을 배치해 그 지역의 문화를 엿볼 수 있도록 한다면 더욱 재미있으리라. 맞춤한 작가를 찾아 의뢰를 하고 첫 샘플 스케치를 받은 것은 2017년 7월. 당시만 하더라도 이렇게 오랜 시간이 걸릴 거라고는 예상하지 못했다. 단순한 구성의 그림책이었기 때문에 자료 조사만 잘한다면 큰 무리가 없을 거라 여겼던 것이다.

하지만 작가의 생각은 달랐다. 내가 처음 생각했던 집이 '건물'이라면, 작가가 책을 구상하면 할수록 머릿속에 떠오르는 집은 '가족'이었던 것. 건물의 형태보다는 다양한 가족의 이야기를 더 담고 싶어하는 작가의 의사를 존중해, 건물의 형태와 가족의 형태를 함께 보여주는 책으로 방향을 다시 잡게 되었다.

이 책에는 한부모 가족, 여성으로만 이루어진 가족, 재혼 가족, 다문화 가족 등 여러 가족이 등장한다. 이들이 사는 집의 형태, 집을 이루는 소품과 가구는 모두 이 등장인물들의 개성을 부각시키고 스토리를 덧입히는 도구로 쓰였다. 하지만 독자가 무심히 읽어도 크게 무리가 없을 만큼 자연스럽게 구성되어 있다. 이런 자연스러움은 작가가 등장인물과 인물들이 활동하는 공간을 잘 알고 썼기에 가능했다.

이 책에는 작가가 직접 살았거나 동네를 돌아다니며 자주 보았던 집과 가족의 이야기가 등장한다. 청년들이 함께 살며 음악을 연습하는 빌라의 반지하 집은 작가가 한때 작업실로 썼던 집(나도 작가와 함께 이 작업실을 쓴 적이 있다)의 옆집이고, 세탁소와 떡집 역시 작가가 사는 동네에서 매일 오가며 보는 집들을 모델로 했다. 이 집에 사는 사람들의 사연은 창작된 것이지만, 작가가 어린 시절부터 지금에 이르기까지 직접적 혹은 간접적으로 보아온 사람들의 이야기로부터 비롯되었다.

이 책을 편집할 때, 나는 작가와 기획안을 사이에 두고 함께 참고할 만한 그림책을 찾아 읽고, 장애인과 비장애인이 함께 사는 집을 그리기 위해 자료 사진을 찾아 헤맸다. 초등학교 3학년인 주인공 진하가 동네 사람들과 인사하고 친구와 함께 집으로 돌아오는 과정이 자칫 위험해 보이지는 않는지 독자 모니터도 여러 번 거쳤다. 하지만 그보다 훨씬 더 많은 시간을 집에 관련된 사적인 이야기들을 작가와 나누며 보냈다. 우리가 함께 작업실을 썼을 때(정확히 말하자면 내가 작가의 작업실에 얹혀 있을 때)의 경험, 어린 시절 내가 혹은 작가가 살았던 집의 형태, 그 집의 냄새와 추억, 친구네 집에 놀러 갔을 때 보았던 소품들……. 그런 이야기들이 죄다 모여 이 책의 바탕이 되었다. 사소하고 쓸데없어 보이는 것도 결국은 자리를 찾아 책의 한 귀퉁이에서 자기 몫을 다하고 있다.

이런 과정을 거쳐 드디어, 사람의 온기를 가득 품은, 다양한 사람들의 인생살이가 녹아든 멋진 그림책이 완성되었다. 정보와 지식을 전해주고자 했던 내 기획 방향과는 많이 달라졌지만, 이렇게 따뜻함이 넘치는 그림책이라니!

사실 작가는 이 책을 쓰고 그리며 거대한 벽을 여러 번 만났다. 직접 그림책의 글을 쓴 경험이 별로 없었기 때문에 글을 쓴다는 일에 두려움도 느꼈고, 책에 꼭 맞는 채색 방식을 찾느라 1년 내내 채색 샘플 작업에 매달리기도 했다. 하지만 결국 그 벽은 작가와 내가 하나씩 딛고 서는 계단이 되었다.

우리는 이 책을 마치고 나서야 우리가 이룬 것이 무엇인지 깨달았는데, 진정한 협업의 즐거움과 서로를 더욱 발전시킬 수 있었다는 기쁨도 그중 하나였다.

 편집자의 기획이 작가의 생생한 경험과 만나게 되면 이렇듯 생각보다 더 멋진 책이 탄생한다. 편집자와 작가가 서로 신뢰하는 관계를 형성할 수만 있다면, 편집자가 기획안을 쓸 때에는 상상하지 못했을 세계를 작가가 책을 쓰고 그리며 스스로 펼쳐 보일 것이다.

5

그림책으로
재구성하기

독자는
책장을 넘긴다

 한 편의 근사한 글이, 선명하게 장면들이 펼쳐지는 이야기가 완성되었다고 하자. 이제 할 일은 이 글을 그림책이라는 형식에 맞게 다시 재구성하는 것이다.

 그림책은 장면으로 이루어져 있고 각 장면들은 반드시 앞뒤로 연결되어 있어야 한다. 그림의 배경이 쭉 이어져 있어야 한다는 뜻은 아니다. 이야기가 물 흐르듯 흐르는 것처럼, 장면과 장면도 전환될 때 무리 없이 자연스레 연결되어 있어야 한다는 뜻이다.

 장면과 장면이 전환될 때마다 독자가 하는 행위가 있다. 바로 책장 넘기기다. 책장을 넘기면 다른 장면, 또 다른 장면이 나온다. 대부분의 책에서는 책장을 넘기는 행위가 책의 내용에 아무런 영향을 끼치지 않지만, 그림책은 다르다. 그림책은 장면의 마지막 문장, 즉 독자가 어떤 문장을 읽고 책장을 넘기도록 하느냐에 책의 성패가 달려 있을 정도다.

독자는 책장을 넘기면 당연히 다른 장면이 나올 것이라는 것을 안다. 그런데 책장을 넘기고 마주한 장면이 앞 장면과 너무 비슷하면 지루하다고, 예상과 전혀 다르지 않다면 뻔하다고, 전혀 예상하지 못할 정도로 다르면 당황스럽다고 느낄 것이다. 책장의 마지막 문장을 쓸 때마다 독자가 어떤 느낌으로 책장을 넘기면 좋을지를 생각하자.

시간의 흐름에 따라 마지막 문장 혹은 첫 번째 문장을 배치하면 독자는 책장을 넘기는 행동으로 시간이 흘러갔음을 인식하게 된다. 장소의 이동에 맞춰 마지막 혹은 첫 번째 문장을 배치하면 독자는 주인공이 한 장소에서 다른 장소로 이동했음을 알게 된다. 다음 장면이 매우 궁금하게 만들고 싶다면 질문을 던지는 것도 좋은 방법이다. 답을 찾기 위해 독자는 책장을 넘길 것이다. 문장이 채 끝나기 전에 다음 장면으로 문장의 뒷부분을 이동시키는 방법도 있다.

그림책의 이런 속성을 이해하고 최대한 활용하면, 단순한 이야기도 흥미진진하게 진행시킬 수 있다. 멋진 시작으로 독자의 눈길을 사로잡은 다음 치밀하게 구성해서 결말까지 눈을 뗄 수 없게 만들자.

20개의 장면 안에 글 넣기

 그림책은 보통 16쪽을 기본으로 삼아 그 배수인 32~48쪽, 두껍다면 64~128쪽 정도가 일반적이다. 그림책이라 했을 때 보통 떠올리는 크기와 두께라면 40~48쪽 정도일 가능성이 높다. 그렇다면, 48쪽의 책 안에는 몇 장면이나 들어갈까?

 1쪽과 48쪽은 표지에 붙이는 텅 빈 면으로, 흔히 백(白)면이라고 한다. 2쪽과 3쪽은 '면지'라 불리는, 표지를 열자마자 마주하는 면이다. 4쪽은 보통 책에 관련된 사람들의 이름이 적힌 판권(저작권 표시면)이, 5쪽은 책 제목과 작가 이름이 적힌 속표지가 차지한다. 6쪽부터 드디어 그림책 본문이 시작되는데 이때 기억해야 할 것은 6쪽과 7쪽이 따로 분리된 면이 아니라 펼쳤을 때 좌우로 연결된 하나의 면이라는 사실이다. 46, 47쪽이 뒷면지가 되어야 하니 결국 본문은 총 40쪽, 즉 좌우로 펼쳐진 20개 장면 안에 다 들어가야 한다.

 생각보다 주어지는 장면이 많지 않다. 그렇기에 한 장면이라도 의미 없이 허비되지 않도록 잘 계산하는 게 중요하다.

자신이 쓴 원고를 16개 장면(40쪽 책)이나 20개 장면(48쪽 책), 혹은 길다면 24개 장면(56쪽 책)이나 28개 장면(64쪽 책)으로 나누어보자. 우선 장소나 시간이 바뀔 때를 기준으로 나눈 다음, 같은 장소라도 클로즈업이 되어야 하거나 인물의 위치나 행동이 바뀌는 것을 보여주어야 할 때 장면을 나누어준다. 아주 방대한 원고가 아닌 이상, 28개 장면으로도 소화가 안 된다면 장면을 줄이는 편이 좋다. 특히 어린이 그림책은 24개 장면이 넘어가면 읽기에 너무 부담스러울 수 있다.

지루하게 반복되는 장면은 없는지, 필요 이상으로 장면을 나눈 것은 아닌지 살펴보자. 배열표를 작성하거나 작은 가제본을 만들면, 장면 나누기를 더 재미있고 효과적으로 할 수 있다. 다음 페이지에 소개된 배열표를 참고해 장면을 나누어보자.

1쪽

48쪽

나만의 가제본 만들기

장면 나누기를 마쳤다면 이제 자기만의 가제본을 만들어볼 차례다. 출판 과정에서 글과 그림이 제대로 디자인된 가제본을 수차례 만나게 되겠지만, 그전에 가제본을 스스로 만들어보면 그림책에 맞게 효과적으로 구성되었는지를 점검할 수 있다. 미리 점검하는 차원이니, 인쇄를 하거나 실물 크기 책처럼 제본하는 등 본격적으로 만들지 않아도 괜찮다. 이면지나 A4 용지를 자르고 붙여서 만들어도 되고, 더 쉽게는 작은 노트를 책으로 삼아 글과 머릿속 이미지를 대충 넣어봐도 된다. 조금 귀찮을 수도 있지만 이 과정을 퇴고 전에 여러 번 해보기를 권한다.

왜 가제본을 꼭 만들어야 할까? 그림책은 책장을 넘길 때 일어나는 효과를 염두에 두어야 하기 때문이다. 넘기는 행위를 작가인 자신이 제일 먼저 해보는 거다. 잘 구성된 장면들이라고 생각했지만 막상 책장을 넘기면서 읽으면 생각이 달라질 수 있다. 가제본을 만들어 읽으면서 다음 사항들을 확인해보자.

지나치게 반복되는 장면은 없는가?
다음 장면이 궁금해지는 요소들이 글이나 그림에 존재하는가?
장면과 장면이 책장을 넘기며 자연스럽게 이어지는가?
지루하거나 긴장감 없이 흘러가는 장면이 없는가?
지나치게 글이 많거나 혹은 불친절하게 느껴질 정도로 적은 장면이 있는가?
서두가 너무 길거나 결말이 너무 성급하지는 않은가?

그림책을 구상하는 단계에서 가제본을 만드는 것도 좋은 방법이다. 40쪽, 48쪽 등 그림책 쪽수에 맞게 가제본을 만든 다음 장면별로 글 원고와 그림 원고를 메모해보자. 이렇게 하면 손쉽게 그림책으로 구성해볼 수 있다.

매력적인
첫 장면 만들기

    만약 그림책이 아니라 소설이나 긴 동화이라면, 첫 시작이 조금 지루하더라도 독자들은 인내심을 가지고 책장을 넘길 것이다. 그리고 인터넷 서점에 이런 독자평을 남길지도 모르겠다. "처음은 지루하지만 1/3 정도 읽다보면 정신없이 이야기에 빠져들게 된다!" 하지만 그림책 작가는 이런 여유를 부릴 수가 없다. 시작부터 독자를 사로잡지 않으면, 그림책의 독자들은 책을 그냥 덮어버릴 것이다. 특히 어린이 독자라면 더더욱. 서정적이고 차분한 시작이라도 독자의 호기심과 궁금증을 불러일으키는 어떤 것이 있어야 독자는 다음에 일어날 일을 궁금해 하면서 책장을 넘긴다. 그림책의 배경과 등장인물의 성격과 인물과의 관계가 모두 설명되면서도 하나도 지루하지 않고 흥미진진한 시작!

    매력적인 첫 문장을 써보자. 간결한 문장의 힘은 첫 문장에서 가장 크게 발휘된다. 등장인물과 분위기와 배경을 설명하는 동시에 궁금증을 유발해 독자들이 얼른 책장을 넘기도록 하려면 어떤 문장과 장면으로 그림책을 시작해야 할까? 훌륭한 예시 중 하나를 살펴보자.

"아빠, 난 아빠가 엄마 역할까지 하는 거 바라지 않아.
아빠는 그냥 아빠였으면 좋겠어.
뭐라고 해야 할지 모르겠지만……"
"내가 요리를 시작해서 그런 말 하는 거냐?"
"아니, 음, 뭐랄까……"

《우리 가족》(하세가와 슈헤이 글그림, 김영순 역, 문학과지성사 2016)의 시작이다. 대화문으로 이루어진 글 오른쪽으로는 운전 중인 아빠와 조수석에 앉은 아들의 모습이 보인다. 두 사람은 마주 보고 있지 않은데, 아빠는 운전 중이고, 아들은 차창 너머 먼 곳을 바라보고 있다. 이런 상황에서 앞의 대화를 주고받은 것이다.

첫 문장에서 독자는 벌써 많은 정보를 얻고 말았다. '엄마의 부재' '엄마 역할까지 해보려는 아빠' 그리고 '아빠의 시도는 실패했다' 그림으로 짐작을 하건대, 두 사람은 이런 대화가 아주 편한 것 같지는 않다. 하지만 다행히 마트에서 장을 보고 돌아오는 길(바로 앞 속표지에 커다란 봉지를 들고 마트 앞을 걸어가는 두 사람이 그려져 있다)이라서, 어색하게 마주 보지 않고도 이런 대화를 할 수 있는 기회가 생겼다. 독자는 이렇게 알게 된 사실을 토대로 다음의 사실이 궁금해지기 시작한다. '엄마는 어디 갔을까, 죽었을까, 이혼한 걸까?' '아빠와 아들 둘만 사는 걸까?' '아빠는 엄마 역할까지 하려고 대체 무슨 시도를 한 걸까?' 그런데 이 대화의 마지막 문장은 독자를 더욱 궁금하게 만든다. "아니, 음, 뭐랄까"라니! 책장을 넘길 수밖에 없다.

책을 한 번 더 읽고 싶게 만드는
결말 쓰기

 뻔한 결말이라도 의외의 작은 반전을 선사하거나 생각할 거리를 던져주며 여운을 남기는 마지막 문장을 덧붙인다면 인상적이게 된다. 어떤 그림책은 사건의 전모가 마지막 한 문장을 통해 비로소 밝혀진다거나 책의 화자가 마지막 문장에서야 드러나기도 한다. 핵심은, 페이지가 적은 그림책에서는 마지막 한 페이지, 마지막 한 문장조차 반드시 존재의 이유가 있어야 한다는 것이다.

 책의 첫 문장이 독자를 끌어들이기 위한 유혹의 문장이라면, 마지막 문장은 그림책 전체의 인상을 좌우한다. 비록 익숙하고 누구나 예상 가능한 결말이라 할지라도 매력적이고 아름다운 문장으로 표현된다면 그 익숙함조차 아름답게 느껴질지 모른다. 여기에 독자가 자기만의 상상을 약간 곁들일 수 있는 여지를 남겨준다면 더없이 좋다. 상상력은 그림책을 더 따뜻하고 좋은 결말로 나아갈 수 있도록 도와줄 것이다.

《고래들의 노래》(다이안 셸든 글, 개리 블라이드 그림, 고진하 역, 비룡소 1996)는 주인공 릴리가 할머니의 이야기를 듣는 것으로 시작한다. 먼 옛날 고래들이 노래하고 춤추는 걸 보았다는 이야기다. 할아버지는 아이에게 쓸데없는 이야기를 한다며 빈정거리지만 릴리는 고래를 만나고 싶어 바닷가에 가고 결국 고래를 만나게 된다. 고래들은 밤바다를 채우며 노래를 부르고, 물보라를 일으키며 춤을 춘다. 그 사이로 릴리가 고래에게 선물한 작은 꽃이 춤추고 있다. 자, 결말을 보자.

릴리는 분명히 꿈을 꾸고 있다고 생각했어요. 릴리는 일어나서 집으로 가려고 돌아섰어요. 이때, 먼 데서, 아주 먼 데서, 살랑거리는 바람결을 타고 오는 소리를 들었어요.
"릴리! 릴리!"
고래들이 릴리를 부른 소리였어요.

고래들의 멋진 춤과 아름다운 노래로 책의 마지막을 장식할 수도 있었을 것이다. 하지만 이 책의 마지막은 꿈일지도 모르는, 릴리를 부르는 고래들의 외침이다. "릴리, 이건 꿈이 아니야! 우린 정말 있어." 하고 말하듯.

오른쪽 그림에는 바람에 흩날리는 머리카락과 함께 릴리

의 검은 눈동자가 별빛과 함께 빛나고 있다. 하지만 릴리는 이전에도 고래들의 꿈을 꾼 적이 있고, 그때도 고래들은 릴리의 이름을 불렀다. 그렇다면 이것은 꿈일까, 현실일까? 독자의 상상에 맡기겠다.

무엇을 그림으로 그릴까, 무엇을 글로 적을까?

 그림책의 시작과 가운데, 끝을 결정했다면 전체적으로 읽으면서 글과 그림의 역할을 정리해보자. 그림책에서는 글과 그림이 모두 언어다. 때로는 글이 이야기를 전달하고, 때로는 그림이 이야기를 전달한다. 글 없이 그림만으로도 이야기와 감동 모두 전할 수 있다. 바꿔 말하면, 그림책의 글은 그림도 목소리를 낼 수 있도록 여지를 남겨줘야만 한다. 어떤 그림이 그려져야 효과적일지, 또는 어떤 문장이 붙어야 그림이 더욱 효과적으로 보일지를 고민하자.

 어차피 그림에서 그려질 거니까 이런 세세한 묘사들은 없어도 되겠다며 문장을 마구 삭제하지는 말자. 자칫 자연스러운 글의 흐름이 깨질 수도 있다. 물론 그림책으로 구성하는 동안 문장은 많이 삭제되고 줄어든다. 하지만 독자들에게 사랑받는 그림책들을 읽어보면, 글과 그림이 함께 어떤 장면을 설명하기도 하고, 또는 글이 지나치게 자세하다 싶게 장면을 설명하기도 한다. 주의 깊게 살펴보면, 그림에서 주인공의 인상착의와 행동을 보여준다면 글에서는 주인공의 내적 갈등이나 미묘한 감정의 변화를 보여주는 등 글과 그림이 서로 다른 역할을 하고 있다는 것을 알 수 있다.

그림으로밖에는 설명이 안 되는 것도 있고, 또 반드시 글로 쓰여야만 독자들이 알 수 있는 것도 있다. 멋진 문장으로 독자에게 감동을 안기고 싶은 지점과 멋진 그림으로 독자가 상상의 날개를 펼치게 하고 싶은 지점이 무엇인지 구분하도록 하자. 어떤 공식이 있다면 참 좋을 텐데, 불행히도 그런 건 없다. 이것이야말로 작가의 능력이니 그림책을 계속 읽고 쓰면서 길러나가는 수밖에. 글의 역할과 그림의 역할을 구분해서 잘 살리면 살릴수록 좋은 그림책이 된다는 것만 기억해두자.

그림으로 긴장감을 연출하는 몇 가지 방법

그림책을 흥미진진하게 만드는 방법 중에는 그림을 활용하는 방법도 있다. 그림의 위치나 크기, 색깔 등을 변화시키며 이야기의 분위기를 더욱 극적으로 고조하는 것이다. 이렇게 그림책을 연출하는 방식은 보통 그림 작가가 정해진 뒤 결정된다. 하지만 글 작가가 다양한 연출 방식을 알고 글을 구성한다면, 그림 작가와 협의하기 쉬워지고 더 좋은 연출 방법을 함께 찾아낼 수도 있다. 그러면 이제 그림으로 긴장감을 연출하는 방법들을 알아보자.

그림책을 펼치면 가운데 갈라지는 부분을 중심으로 왼쪽 면과 오른쪽 면이 나뉘게 된다. 그림을 왼쪽 면 혹은 오른쪽 면에만 넣어도 되고, 한쪽 면에만 있던 그림이 서서히 확장해 다른 면으로 장악해 들어가는 구성도 좋다. 왼쪽 면에 있는 주인공이 이야기가 진행됨에 따라 서서히 오른쪽으로 이동하는 것도 가능하다. 두 인물 간의 갈등이 그림책의 주된 사건이라면 한 인물은 좌면, 다른 한 인물은 우면에 두고 좌면과 우면이 서로 대결하는 방식으로 그림책을 진행시키면 어떨까? 좌면 인물이 갈등 국면에서 우위를 점할 때, 우면을 침범해 들어오면 우면 인물의 입지가 좁아진 것이 한눈에 들어올 것이다.

그림의 색깔을 이용하는 방법도 있다. 흑백으로 시작된 그림이 책장을 넘길수록 서서히 컬러로 바뀌면, 더욱 극적인 분위기를 연출할 수 있다. 예를 들어 우울한 분위기로 시작된 그림책이 희망찬 메시지로 끝을 맺는다면, 흑백의 그림으로 시작해 차츰 색을 가미하는 것이 분위기를 전달하는 데 큰 도움이 된다. 또 그림책의 분위기가 반전되는 사건이 일어난다면 그때를 기점으로 강렬한 색을 추가할 수도 있다. 등장인물이 많고 동선이 복잡하다면, 등장인물에 각각 빨강, 파랑 등 고유의 색을 지정해보자. 복잡한 배경 안에서도 독자는 등장인물을 상징하는 색을 그림 속에서 찾아내며 재미있게 읽을 것이다.

잊지 말아야 할 점은 독자가 책을 왼쪽에서 읽기 시작해 오른쪽에서 마친다는 것이다. 독자의 눈길이 왼쪽에서 오른쪽으로 이동하는 순간, 시간은 흐른다. 그림에도 마찬가지로 적용해볼 수 있다. 인물을 왼쪽 면에 두고 오른쪽을 바라보게 하거나 왼쪽에서 오른쪽으로 이동시키면, 인물이 자연스레 이동하는 듯한 느낌을 독자에게 전달할 수 있다. 반대로 분위기가 극적으로 전환되거나, 주인공이 이동 방향을 바꾸었거나, 이야기가 거의 끝났음을 그림으로 암시하려면? 주인공의 방향을 왼쪽, 혹은 정면으로 바꾸어주자!

그림책이 처음부터 끝까지 긴장감 있게 진행되는 데 효과적이라 판단된다면, 이런 구성 방식을 기꺼이 도입해 원고를 수정해보자. 모리스 샌닥, 팻 허친스, 이수지 등의 작가들은 이러한 방식으로 멋진 작품들을 탄생시켰다. 이들의 그림책을 읽어보면 앞의 기술을 익히는 데 큰 도움이 될 것이다.

그림책의
리듬을 익히자

 혹시 장면별로 글을 나누는 데 어려움을 겪고 있다면, 조심스레 권해본다. 글쓰기를 멈추고 그림책을 더 읽으시라! 도서관에만 가도 그림책은 넘치게 많다. 세상에 훌륭한 그림책이 너무 많다고 좌절하진 말자. 그 그림책들은 우리에게 훌륭한 길잡이가 된다. 캄캄한 동굴 속 미로처럼 얽힌 길목마다 환한 등불이 켜져 있는 것과 같다. 배울 선생님이 많다는 것은 축복이다. 한 권 읽는 데 몇 분이면 충분하니 여러 권을 읽어도 소설 한 권 읽는 것보다 적은 시간이 걸린다.
 처음에는 뭐가 뭔지 잘 모를 수도 있다. 하지만 한두 권으로 그치지 않고 끊임없이 읽어가다보면, 틀림없이 그림책이 요구하는 글의 리듬이 마음에 배어든다. 생각보다 얼마나 적은 문장으로 많은 이야기를 하고 있는지, 또 그 적은 문장이 얼마나 효과적으로 장면마다 나누어져 있는지 감탄하게 될 것이다. 마음에 드는 작가의 책을 모조리 읽어보고, 그의 책을 필사해보자. 그런 다음 자신이 고민하고 있는 글을 그 필사본에 맞춰 나누어보자. 어느 부분이 늘어지는지, 어떤 장면이 추가되어야 효과적인지 감을 잡는 데 도움이 될 것이다.

그림책의 리듬에 맞춰 춤을 추자. 리듬에 맞춰 춤을 추지 못한다면 아무리 훌륭한 원고라 할지라도 그림책으로 출판하기는 힘들 것이다.

추천 그림책

단순한 구성이 돋보이는 그림책들을 골랐다. 장면별로 글을 나누는 게 여전히 어색하다면 다음 그림책들을 여러 번 읽으며 그 리듬을 몸에 익혀보자. 생각보다 단순한 구성으로도 충분히 흥미로운 그림책을 완성할 수 있다는 걸 알게 될 것이다.

《한 그릇》 변정원 글그림, 보림 2021
비빔밥 재료들이 하나씩 등장해, 비빔밥 한 그릇을 완성하기 위해 여행을 떠난다. 어쩌면 이렇게 맛깔나게도 썼을까. 단순한 구성이라 재치 있는 글과 그림이 더욱 돋보인다. 이 책을 처음 읽었을 때, 하필이면 나는 '밥'을 주제로 그림책을 쓰고 있었다. 이렇게 멋진 책이 나왔다니, 하고 좌절한 나머지 나는 아직도 밥 그림책을 쓰지 못하고 있다.

《내 모자 어디 갔을까?》 존 클라센 글그림, 서남희 역, 시공주니어 2012
곰이 모자를 찾고 있다. "혹시 내 모자 못 봤니?" 동물 친구들은 다들 모른다고만 한다. 너무도 단순한 스토리, 반복되는 문장들인데도 아이들은 이 책을 읽고 또 읽어달라고 한다. 왜일까? 곰과 다른 동물들의 맹한 표정이나 이야기가 담고 있는 의미심장함도 그 이유 중 하나겠지만, 페이지의 왼쪽과 오른쪽을 활용한 그림 구성과 색을 다루는 방법이 극적 긴장감을 높여 단순한 이야기를 꽤 흥미롭게 만들었기 때문이다. 존 클라센의 일명 '모자 이야기 시리즈'는 그림책 구성의 교과서라 할 만하다. 모두 읽어보도록 하자.

《장바구니》
존 버닝햄 글그림, 김원석 역, 보림 1996
주인공 스티븐은 장바구니를 들고 엄마 심부름을 간다. 가게에서 장을 보고 집으로 돌아가는데, 자꾸만 동물 친구들이 스티븐의 앞을 가로막는다. 스티븐이 아직 곰을 만나지 않았는데 글은 "곰을 만났어요."로 끝난다. 곰을 만나 무슨 일이 벌어졌는지 보려면 얼른 책장을 넘겨야 한다. 스티븐이 이동할 때는 오른쪽 면에, 멈춰서 동물 친구와 대화할 때는 왼쪽 면에 위치한다는 것도 눈여겨보자.

《아무도 지나가지 마!》
이자벨 미뇨스 마르틴스 글, 베르나르두 카르발류 그림, 민찬기 역,
그림책공작소 2016
'너무너무' 재미있는 그림책이다. 오른쪽 면으로 아무도 지나가지 못하도록 한 군인이 왼쪽 면 오른쪽 가장자리에 버티고 서 있다. 한참 책장을 넘겨도 오른쪽 면은 계속 흰색이다. 앞으로 어떤 일이 벌어질까? 그림책의 물성을 이용해 시각적 재미뿐 아니라 메시지까지 함께 담아냈다. 깨알같이 적힌 등장인물들의 수다와 이들이 소개된 앞면지와 뒷면지도 빠뜨리지 말자.

《앵거스와 두 마리 오리》 마저리 플랙 글그림, 이진영 역, 시공주니어 1997
조그만 강아지 앵거스는 바깥세상이 궁금하다. 그래서 문밖으로 나가, 초록 울타리를 넘어 바깥으로 나간다! 앵거스의 방향은 시종일관 오른쪽을 향하다가 오리에게 쫓기는 때가 되어서야 왼쪽으로 바뀐다. 황급히 집을 향해 뛰어간다는 앵거스는 왼쪽 끄트머리에 그려져 있다. 이 책은 그림을 구성하는 방식도 재미있지만 강아지 앵거스의 캐릭터도 흥미롭다. 강아지의 행동이 말썽을 부리고 바깥세상을 궁금해 하는 어린이의 모습과 꼭 닮았기 때문이다.

보이지 않는 대상에 대하여 쓰기
그림책 《불어, 오다》 창작 노트

《불어, 오다》(최은영 글, 이경국 그림, 꼬마이실 2021)는 바람에 대한 그림책이다. 하지만 책 말미에 붙은 정보면을 제외하면, 표지와 본문에는 단 한 번도 '바람'이라는 말이 등장하지 않는다. 이 책을 출간하고 나서 사람들의 반응을 살펴보는 게 꽤 재미있었다. 그림 작가와 디자이너들은 본문에 '바람'이라는 말이 없다는 것을 대부분 몰랐다. 작가나 편집자들 중 몇몇은 "어떻게 바람이라는 말을 한 번도 안 썼어?"라고 물어왔다. 어린이 독자들은 이렇게 말했다. "나 정답 알아. 바람!"

바람이라는 말을 사용하지 않고 바람에 대해서 쓰는 일은 나 혼자만의 숙제이자 이 책에 넣어둔 나만의 특별함이었다. 내 의도를 알아차리고 공감하는 사람이 있다면 기쁘겠지만 일부러 드러내서 내 입으로 먼저 말하고 싶지는 않아서, 보도자료에도 이 사실은 쓰지 않았다.

이 책은 지금껏 썼던 원고 가운데 가장 어려웠다고 말할 수 있다. 눈에 보이지 않는 것을 눈에 보일 듯이 쓴다는 것이 일단 어려웠고, 그것을 그림 작가가 그려낼 수 있을 정도로 글로 표현한다는 것이 더욱 어려웠다. 나는 퇴고한 원고를 몽땅 다시 써야 했는데, 그림 작가가 도저히 그림을 그리지 못하겠다고 했기 때문이다. 그럼 첫 원고와 출간된 책의 글이 어떻게 달라졌는지 한번 살펴보자.

첫 원고의 첫 번째 장면은 이렇게 시작되었다.

"혹시, 내가 보여? / 안 보인다고?
잠깐만 기다려!"

이 장면에서 나는 그림 작가에게 아무것도 없는 하늘을 그려달라고 했다. 다음 장면은 이렇게 썼다.

"입술을 내밀고 후우-, 숨을 불어봐. / 이 작은 깃털이 나를 타고 날아갈 거야.
그래, 맞아. 방금 네가 나를 만들어 냈어!"

이 장면에서는 하늘에서 한들한들 떠가는 깃털을 상상했다. 깃털과 함께 저편으로 움직이는 듯한 구름도. 하지만 그림 작가는 시작부터 그리기가 너무 막막하니 공간 설정이 확실해졌으면 좋겠다고 했다. 그래서 이 글은 책의 뒷부분으로 보내고, 시작을 다음과 같이 수정했다.

"나는 어디에나 있어. / 하지만 아무도 볼 수는 없어.
그래도 내가 있다는 건 누구나 다 알지. / 사람들도, 새들도, 꽃도, 모래도."

사람과 새, 꽃, 모래를 언급해서 이 모두가 함께 등장하는 배경, 즉 바닷가가 연상되도록 썼다. 바닷가에서 새와 사람들이 왼쪽에서 오른쪽으로 움직이는 그림은 자연스레 뒷장면으로 책장을 넘기도록 유도한다.
세 번째 장면에서는 이런 문장이 나온다.

"이제 내가 누군지 알았다면 나랑 같이 여행을 떠나자."

첫 원고에는 '여행'이라는 단어를 쓰지 않았다. 하지만 바닷가에서 출발해 드넓은 바다로 나아가는 새로운 구성에서는 여행이라는 말이 썩 잘 어울렸다. 그래서 《불어, 오다》의 앞부분과 마지막 부분에 여행이라는 단어를 추가해 책의 전체적인 분위기를 만들었다. 이 단어 덕분에 시간이 갑자기 과거로 흐르는 장면은 시간 여행을, 바다와 환상적인 공간을 넘나드는 장면은 환상 여행을 하는 듯한 느낌이 든다.
제목도 달라졌다. 첫 원고의 제목은 '나의 이름'이었다. 나라마다, 지역마다, 또 바람의 세기, 바람이 불어오는 방향과 때에 따라 바람의 이름이 달라지는 점이 재미있게 여겨졌기 때문이다. 또한 '바람'이라는 말은 '바라다'의 명사형과도 같다. 사전에서 찾아보면 명사형 바람은 '어떤 일이 이루어지기를 기다리는 간절한 마음'이라고 나온다. 그래서 '나의 이름'의 제일 마지막 문장은 아래와 같았다.

"사람들은 나에게 여러 가지 이름을 붙여 줬어.
윈드, 방, 펑, 뤼즈가르, 베체르 그리고 바람.
나는 바람이라는 이름이 가장 마음에 들어.

바람은 희망과도 같은 말이니까."

이 문장들은 새로 원고를 구성하면서 모두 본문에서 삭제되었다. 아쉬운 마음에 정보면 제일 마지막 페이지를 바람의 이름들로 장식하고 "바람은 희망과도 같은 말"이라는 문장으로 책을 마무리했다. 이 정보면에 대해서는 독자마다 호불호가 극명히게 갈린다. 은은하고 아름다운 책의 분위기를 정보면이 깨버렸다고 아쉬워하는 독자도 있고, 정보면까지 알차다니 일석이조라며 좋아하는 독자도 있었다. 둘 다 맞는 말이라고 생각한다.

현재 책의 본문은 아래와 같은 말로 끝맺는다.

"나의 여행은 영원히 계속될 거야!"

영원히 끝나지 않는 바람의 여행, 그 이면에는 순환하는 자연과 우리의 삶이 있다. 여러 시행착오를 거쳤지만, 은은한 여운을 남기는 이 마지막 문장이 나는 마음에 든다. 바람이 불어올 때마다, 독자들이 이 책과 함께 영원히 끝나지 않는 바람의 여행을 떠올리며 세속적인 근심이나 순간의 어려움을 멀리 바람과 함께 날려 보냈으면 좋겠다.

문장
다듬기

그림책은
짧다

 그림책의 글이 짧기 때문에 쉽게 쓸 수 있을 거라 생각했던 사람들에게는 슬픈 소식이겠지만, 그림책의 글은 짧기 때문에 더욱 쓰기 어렵다. 20장 내외의 그림으로 이루어진 그림책 안에 글이 차지하는 면적은 크지 않다는 걸 떠올려보자. 그 적은 지면 안에 내가 하고 싶은 이야기를 끝낼 수 있을까? 그저 짧은 글이 아니다. 흥미로우면서도 시작과 끝이 짜임새 있게 연결되고 장면과 장면 사이의 연결고리 역할을 하면서도 사건을 쉽게 이해하도록 설명하는, 그런 글 말이다.

 그림책의 글을 쓰다보면 자기가 쓰는 글에 생각보다 군더더기가 많다는 사실을 알게 된다. 또 군더더기를 그저 삭제하다보면 밋밋하고 재미없는 글이 되고 만다는 사실도 깨닫게 된다. 무엇이 군더더기이고 무엇이 그림책에 매력을 더하는 포인트인지를 가리는 눈을 키워야 한다. 문장 정리가 잘 안 될 때는 메시지를 점검해보는 것도 좋다. 먼저, 전달하고자 하는 메시지를 한 문장으로 정리한다. 그런 다음 그 메시지와 상관이 없거나, 메시지 전달에 방해가 되는 단어들부터 삭제해보자. 문장이 너무 많을 때도, 메시지를 기준으로 버려야 할 문장과 살려야 할 문장을 결정하자. 이렇게 메시지 위주의 정돈을 마치고 난 뒤에는, 굳이 글로 알려주지 않아도 독자가 쉽게 짐작할 수 있는 묘사나 행동을 조금씩 삭제하면서 여러 문장을 한 문장으로 압축해보자.

좋은 그림책을 꾸준히 읽으며 마음에 남는 문장들을 분석하는 것도 도움이 된다. 그 문장이 독자의 마음에 남는 이유를 찾아내는 것이다. 그러다보면 자연스레 자신이 쓴 문장 가운데서도 옥석을 가려낼 수 있게 된다. 또 의미 없는 단어를 그림책 진행에 꼭 필요하거나, 분위기를 돋우거나, 묘사를 매력적으로 바꾸거나, 소리 내어 읽었을 때 재미있는 효과를 내는 단어로 바꿀 수 있어야 한다. 그러기 위해서는 재미있고 인상 깊은 단어로 가득한 나만의 단어장을 만들어놓자.

누군가는 그림책의 글을 한 편의 시와도 같다고 하는데 그건 맞는 말이기도 하고 틀린 말이기도 하다. 시처럼 운율을 맞추는 건 좋지만 반드시 필요한 단어 대신 운율에 맞는 말을 선택하는 건 좋지 않다. 함축적으로 쓰는 것은 좋지만 그러기 위해 생생한 묘사나 대화를 모두 삭제하지는 말자.

글이 돋보이려면
우선 그림이 돋보이게 쓰자

 글에 그림이 더해진다고 생각했을 때 무엇을 바꾸고 무엇을 삭제해야 할까? 너무 줄이면 밋밋해지고, 다 살리면 지루해진다. 그림책의 글은 상대적으로 짧기 때문에 조금만 잘못 고쳐도 전체적인 인상이 달라진다. 어떻게 수정해야 할지 헷갈린다면, 이것만 기억하자. 그림이 돋보이도록 수정하는 것이 곧 글이 돋보이는 길이다.

 글에서 설명하고 있는 장면이 그림으로 그려졌다고 상상해보자. 글이 마치 그림을 그대로 설명하는 것처럼 느껴지는가? 그렇다면 글을 과감하게 삭제하거나 줄이는 게 좋을지도 모른다. 글과 그림 모두 지루하게 느껴질 수 있으니까. 이 단계에서 삭제 텍스트를 따로 메모해두자. 글과 그림을 모두 한 사람이 하는 경우가 아니라면, 글이 완성되고 출판사와 계약이 된 후에야 그림 작가가 정해진다. 그림 작가가 그림을 그릴 때 이 메모가 도움이 될 수 있다.

설명하는 문장을 삭제했다면, 이제 그림에서 전달하기 힘든 감각이나, 등장인물의 심상을 담는 방향으로 글을 다시 써 보자.

아빠는 아무것도 묻지 않고 내 손에 금방 산 따끈따끈한 붕어빵을 쥐여주었어요.
 → **그림 메모: 아빠가 주인공에게 붕어빵을 쥐여준다. 두 사람은 마주 보고 있다.**
 → **글 수정:**
아빠는 아무것도 묻지 않았어요. 하지만 이상하게도, 붕어빵을 먹으니까 야단맞은 일 같은 건 아무렇지도 않게 느껴졌지요. 아빠가 준 붕어빵은 뜨겁고 바삭하고 지금까지 먹어 본 붕어빵 중에 제일 맛있었어요.

그림이 돋보이도록 글을 수정하는 또 하나의 방법은 그림을 꼼꼼하게 들여다보게 안내하는 역할을 글이 자처하는 것이다.

하늘에는 노을이 지고 있어요. 노을을 바라보며 나는 아빠 손을 잡았어요. 그 순간, 온 세상이 갑자기 노을빛으로 물들었어요. 내 마음까지요.

→ 그림 메모: 하늘에는 노을이 지고 꽃이 활짝 핀 벚나무 아래 손을 잡은 아빠와 아들.

→ 글 수정:

노을이 집니다. 손을 잡은 아빠의 손등도, 하늘도, 하얀 새의 날개도, 바람에 흩날리는 꽃잎도, 나뭇잎도, 나의 마음도, 온통 노을빛으로 물들었습니다.

그림 속 요소들을 글에서 언급해준 덕분에 독자는 그림을 요모조모 뜯어볼 수 있다. 복잡하고 볼거리가 풍성한 그림이라면, 글을 통해 그림을 더욱 재미있게 즐길 수 있도록 도와주자.

부드러운 발음, 단단한 발음을 고민해보자

 그림책은 독자층이 다양하다. 어른부터 아이까지 다 읽는다. 심지어는 글을 모르는 유아들도 그림책은 '본다'. 대신 옆에서 양육자가 그림책을 '읽어준다'. 그렇다. 그림책을 쓰면서 절대 잊어서는 안 되는 것 하나. 그림책은 혼자 읽기에도, 타인에게 읽어주기에도 적합해야 한다는 것이다. 운율감이 느껴지고 읽기에 쉬운 문장일수록 그림책에 알맞다.

 그렇다면 이제, 지금껏 쓴 글을 소리 내어 읽어보자. 글로 썼을 땐 괜찮은데, 읽어보니 발음이 꼬인다. 이 정도면 짧은 문장이라 생각했는데, 읽다보니 숨이 찬다. 재미있게 쓴다고 썼는데, 읽어보니 지루하다……. 눈으로 읽는 글과 귀로 듣는 글은 얼마나 다른지! 그러니 문장을 다듬는 단계에 왔다면, 반드시 중얼중얼 소리 내어 읽으며 수정하기를 권한다.

 글의 분위기에 맞는 발음을 선택하는 것도 중요하다. 평화롭고 행복한 분위기라면 단어도 되도록 그에 맞게 부드러운 발음으로 선택한다. 예를 들어, "아기는 곧장 잠에 빠졌어요"보다는 "아기는 스르르 잠이 들어요"가 소리 내어 읽었을 때 더 편안하다. 반대로, 작품의 클라이맥스이거나 글에 긴장감과 활력을 불어넣고자 할 때는 단단하고 힘 있게 발음되는 단어를 선택하면 좋다. 예를 들어, "순간, 찬바람이 불었어요"는 조금 밋밋할 수 있지만, "눈 깜짝할 사이, 차가운 바람이 휘몰아쳤어요"는 더욱 극적으로 느껴진다.

싫증나지 않는
표현 고르기

한때 내 조카는 무슨 일에든 "야단났네!"라는 말을 붙이곤 했다. 그림책에서나 보던 말을 실제로 듣게 될 줄이야! 역시나 그림책을 읽다가 알게 된 말이라고 했다. 처음 듣는 말이지만 뜻을 알 것만 같고 발음도 재미있어 금방 따라하게 된 것이다. 예스러운 표현도 때로는 이렇게 재미있는 인상을 남기기 때문에 원고를 읽었을 때 조금 밋밋한 느낌이라면 한두 단어를 이런 식으로 바꾸어보는 것도 괜찮다. 물론 원고 전체를 고풍스러운 말로 쓰라는 의미는 아니다.

긴 소설이라면 아무리 재미있다고 해도 처음부터 다시 읽으려면 숨 고르기를 하고 시간을 특별히 내야 하지만, 그림책은 어느 때고 보고 싶으면 쉽게 들춰볼 수 있다. 이렇게 독자가 여러 번, 때로는 수백 번을 읽는다는 걸 생각하면, 아무리 읽어도 질리지 않고 읽는 재미가 느껴지는 문장일수록 좋을 것이다. 재미있는 단어나 표현들만 따로 모아 기록해두었다가, 원고 수정이 필요할 때 꺼내보는 것도 도움이 된다.

스테디셀러 그림책들을 꼼꼼하게 읽어보면 이런 재미있는 표현들을 쉽게 찾아낼 수 있다. 특히 출간된 지 오래된 작품인 경우, 의도된 것인지 번역을 하며 바뀐 것인지는 잘 모르겠지만 요즘은 쓰이지 않는 단어들이 적혀 있는 경우를 종종 만나게 된다. 다음을 보자.

비가 그치지 않으면,
"잠깐 실례 좀 하겠소이다. 저기까지 같이 쓰고 갑시다."
라면서 낯선 사람의 우산 속으로 들어갔습니다.
_《아저씨 우산》(사노 요코 글그림, 김난주 역, 비룡소 1996) 중에서

현실에서는 아무도 "잠깐 실례 좀 하겠소이다."라는 말을 쓰지 않겠지만, 이 말을 "잠깐 실례합니다."로 바꾸어보면 아무래도 캐릭터의 개성이 사라지는 것만 같다. 소리 내어 읽었을 때도 책의 표현이 훨씬 재미있고 기억에 남는다.

"빨리 맛있는 악몽을 배불리 먹었으면 좋겠다. 벌써부터 입에 군침이 도는걸. 그렇게 멍청하게 서 있지 말고 어서 달려가란 말이야!"

_《꿈을 먹는 요정》(미하엘 엔데 글, 안네게르트 푹스후버 그림, 문성원 역, 시공주니어 2001) 중에서

"입에 군침이 도는걸."은 "입맛이 돈다."나 "무척 먹고 싶다."보다 훨씬 감각적이고 재미있다. 책에서는 종종 만나지만 실제 대화에서 잘 쓰이지 않아 막상 적당한 때에 떠오르지 않는 표현이기도 해서 나는 필사 노트 어딘가에 이 문장을 적어두었다.

카시스를 얹은 초콜릿 3단 머드케이크와 피아노,
그리고 개 부부의 노래가 멋진 저녁을 완성해주었다.
산양과 여우의 우정은 더욱 돈독해졌다.
_《어제저녁》(백희나 글그림, 책읽는곰 2014) 중에서

카시스와 머드케이크라니, 너무 어려운 말이라거나 외래어가 많이 쓰였다는 생각이 들지도 모르겠다. 하지만 빨간 열매가 콕콕 박힌 부드러운 초콜릿 크림이 주르륵 흘러내리는 이 책의 케이크와는 아주 잘 어울리는 말이 아닌가? 낯선 단어가 풍기는 이국적이고 새로운 인상이 때로는 필요한 법이다.

선명하게
문장 쓰는 법

 독자는 작가의 머릿속을 보지 못한다. 독자와 작가의 거리는 생각보다도 훨씬, 멀다. 그러니까 작가의 머릿속에 있는 이야기나 생각을 독자에게 설득시키려면 더 선명하게, 구체적으로 써야 한다. 게다가 그림책은 그림, 즉 시각적 매체다. 독자의 머릿속에 하나의 장면이 피어나도록 써야 한다. 이렇게 시각적으로 선명하게 쓰려면 어떻게 해야 할까?
 '사랑'에 대해 쓴다고 생각해보자.

사랑 1

그의 손을 잡자 세상이 다르게 보였다. 이런 게 사랑일까?

사랑 2

학교에서 선생님께 야단을 맞아서 속상했어요. 하지만 아빠의 따뜻한 사랑이 내 마음을 녹여주었어요.

나름대로 구체적으로 썼다고 생각할지도 모르겠다. 하지만 이 원고를 본 편집자는 이렇게 말할 것이다. "좀더 구체적으로 쓰면 어떨까요? 무엇이 다르게 보이고 무엇이 따뜻할까요?"

'사랑' 앞에 어떤 설명을 덧붙이면 선명해질 거라는 함정에 빠지지 말자. '아빠의 깊고 진정하고 절절하게 따뜻한 사랑'이라고 길게 설명한다고 그 사랑이 시각적으로 바뀌는 건 아니니까. 설명 대신 우리는 어떤 장면을, 그 반짝이고 따뜻한 상황을 상상해보는 거다.

사랑 1 → 노을빛 사랑

강물은 흘러가고 새들은 날아갔다. 하늘에는 노을이 지고 있었다. 노을을 바라보며 나는 그의 손을 잡았다. 그 순간, 온 세상이 갑자기 노을빛으로 물들었다. 내 마음까지도. 이런 게 사랑일까?

사랑 2 → 사랑은 따뜻한 붕어빵

학교에서 선생님에게 야단맞고 집으로 돌아가는 길이에요. 하늘에는 노을이 지고 맞은편에 누군가 다가오는 모습이 보여요. 가까이 다가가보니 아빠가 손짓을 하고 있어요.

아빠가 머리를 쓰다듬어주는데 나도 모르게 눈물이 났어요. 아빠는 아무것도 묻지 않고 내 손에 따끈따끈한 붕어빵을 쥐여주었어요.

 이 사랑이 얼마나 빛나는지, 얼마나 따뜻한지에 대해 아무리 예쁜 형용사들을 갖다붙여도, 실체가 없으면 독자를 설득할 수 없다. 오히려 지루한 인상이나 반감만 남기기 쉽다. 대신 선명하게 머릿속에 떠오르는 장면으로 독자들을 설득하자. 선명한 장면들이 모여 선명한 이야기가 완성된다.

따옴표를
열심히 붙여보자

 장면을 머릿속에 떠올리며 문장을 선명하고 구체적으로 쓰려고 노력했지만, 그래도 뭔가 부족한 것 같다면 따옴표를 사용하자. 설명하는 문장을 되도록 대화나 주인공의 생각으로 바꾸어 써보는 것이다. 이렇게 하면 장면이 더욱 생생해지며, 같은 내용이라도 느낌은 완전히 다른 글이 완성된다.

 학교에서 선생님에게 야단맞고 집으로 돌아가는 길이에요. 하늘에는 노을이 지고 맞은편에 누군가 다가오는 모습이 보여요. 가까이 다가가보니 아빠가 손짓을 하고 있어요.
 → **그림 메모: 노을 진 하늘을 뒤로하고 주인공을 향해 손짓을 하는 아빠의 모습, 손에 붕어빵 봉지를 들고 있다.**
 → **글:**
 '오늘도 또 야단만 맞고. 난 왜 이럴까?'
 그때 누군가 나를 부르는 소리가 들렸어요.

"○○야!"

"아빠!"

아빠가 머리를 쓰다듬어주는데 나도 모르게 눈물이 났어요. 아빠는 아무것도 묻지 않고 내 손에 따끈따끈한 붕어빵을 쥐여주었어요.

→ **그림 메모: 아빠와 주인공은 붕어빵을 먹으면서 서로를 바라본다.**

→ **글:**

"짠!"

"와, 붕어빵이다."

"금방 산 거야. 같이 먹을까?"

아빠와 함께 먹는 붕어빵은 뜨겁고 바삭했어요. 지금까지 먹어 본 붕어빵 중에 제일 맛있었지요.

화자와 잘 어울리는 말투가 무엇일지 고민하자. 어린이라면 몇 살인지, 성격은 어떤지, 대화하고 있는 상대방과의 관계는 어떤지 등을 고려하고, 그 연령대 아이들이 자연스레 쓸 만한 단어는 무엇일지 파악하자. 앞서 등장인물을 구체적으로 그려놓았다면 자연스러운 대화문을 쓸 수 있을 것이다.

기술이 필요할 땐
명작을 읽자

 수십 년 동안 베스트셀러 자리를 지키는 유명한 그림책에는 다 그럴 만한 이유가 있다. 다음은 유명 그림책들에서 우리가 배울 수 있는 쉽고 재미있는 문장 쓰기 기술들이다. 기억해두었다가 원고가 조금 밋밋하다거나 좀더 읽는 재미를 주고 싶을 때 하나씩 적용해보자.

 존 패트릭 노먼 맥헤너시는 학교에 가려고 집을 나섰습니다.
 한참을 가는데 하수구에서 악어 한 마리가 불쑥 나와 책가방을 덥석 물었습니다.

 《지각대장 존》(존 버닝햄 글그림, 박상희 역, 비룡소 1999)의 첫 장면이다. "존 패트릭 노먼 맥헤너시는 학교에 가려고 집을 나섰습니다."라는 첫 문장은 이후 끊임없이 반복되어 나온다. 선생님의 대사도 계속 같은 패턴을 반복하는데, "존 패트릭 노먼 맥헤너시, 지각이로군."이라는 말로 시작되는 식이다. 주인공의 이름이 언급되는 특정 문장들이 반복되어, 독자는 '책장을 넘기면 틀림없이 또 존 패트릭 노먼 맥헤너시 어쩌구가 등장하겠어' 하고 예상하며 이 책을 읽게 된다. 그 예상이 맞았을 때는 역시나 하는 즐거움을, 예상을 벗어났을 때는 '앗 다르네!' 하는 의외의 즐거움을 동시에 던져주는 문장이다. 주인공의 이름이 그저 '존'이라 상상하면, 이 책의 특별함은 조금 줄어든다. 반복되는 문장도 없다고 생각하면, 좀더 평범한 책처럼 느껴진다.

(첫 번째 장면)

왼쪽 그날 밤에 맥스는 늑대 옷을 입고 이런 장난을 했지.
오른쪽 그림

(두 번째 장면)

왼쪽 이런 장난도 했고.
오른쪽 그림

《괴물들이 사는 나라》(모리스 샌닥 글그림, 강무홍 역, 시공주니어 2002)는 '이런' 식으로 시작되는 그림책이다. 특이한 부분을 발견했을지 모르겠다. 정답은 바로 "이런"이란 평범한 단어다. 왼쪽의 글은 주인공 맥스가 어떤 장난을 쳤는지 설명하지 않는다. 다만 "이런 장난"이라고 적혀 있을 뿐이다. 하지만 오른쪽에 그림이 있으니 독자들은 자연스레 '어떤 장난을 쳤을까?' 하며 오른쪽 그림을 유심히 보게 된다. 작가는 글에서 장난을 좀더 상세히 설명할 수도 있었을 테고, 반대로 글을 아예 삭제할 수도 있었을 것이다. 하지만 "이런 장난"이라는 말은 어느 쪽보다도 훨씬 나은 선택이었음이 드러난다. 독자가 맥스의 행동이 궁금해 그림에 정신이 팔리도록 만들었으니 말이다. 이 책을 읽어본 사람이라면 잘 알겠지만, 오른쪽의 그림은 첫 장면에서는 크기가 작지만 그림책이 진행될수록 점점 커져서 본격적으로 이야기가 펼쳐지면 왼쪽 면까지 모두 장악하고 만다. 글과 그림을 함께 쓰고 그리는 작가라면 이 방식을 기억해두자. 글 작가라면, 그림이 완성된 후 문장을 손볼 때 '이런' 선택지도 있음을 떠올려봄직하다.

(두 번째 장면)

이거 원, 이 씨앗들이 다 자라기에는
자리가 모자라겠는걸.

벌레들도 하늘나라에 가나요?

(다섯 번째 장면)

노아는 육지가 멀지 않았다는 걸 알았단다.
비둘기가 올리브 가지를 물고 오는 것을
보았기 때문이지.

할아버지, 그럼 우리 집도 배가 되나요?

《우리 할아버지》(존 버닝햄 글그림, 박상희 역, 비룡소 1995)의 내용이다. 이 글만 읽어서는 도대체 무슨 말인지 알 수 없다. 그래서 그림책 읽기에 아직 익숙하지 않는 독자들에게 이 책은 적잖이 당황스러운 책이기도 하다. 할아버지와 손녀의 대화만으로 이루어진 이 그림책은 얼핏 문장과 문장 사이, 장면과 장면 사이에 연결고리가 없는 것처럼 보인다. 두 사람의 대화조차 대부분 동문서답 같다. 문장과 문장 사이의 공백은 독자의 상상으로 채워야 한다. 하지만 그렇게 들여다보고 상상하다보면 어느새 독자는 서로 다른 소리만 늘어놓던 두 사람이 실은 매우 가까운 사이라는 것을 알게 된다. "아이는 할아버지가 무척 좋았어요." 혹은 "두 사람은 즐거운 시간을 보냈답니다." 같은, 두 사람의 관계를 친절히 설명해주는 문장 없이도.

대화로만 이루어진 그림책은 아주 특별하다 할 순 없지만, 이렇게 절묘한 방식으로 이어지는 글은 흔치 않다. 자칫하면 이야기는 미궁으로 빠지고, 독자는 "이야기가 난해합니다."라는 서평을 남길지 모른다. 반면 《우리 할아버지》는 대화문 속에 인물이 생생하게 드러나 있다. 마치 현실의 할아버지와 손녀가 내 앞에서 대화하는 것을 엿듣는 것 같다.

생생하게 살아 있는 대화문은 등장인물의 성격과 나이, 그 밖에도 다양한 정보를 자연스레 드러낸다. 구구절절 설명하지 않아도 독자는 할아버지와 아이에 대해, 특히 그들의 마음에 대해 알게 된다. 그러니, 아무리 따옴표를 붙이고 구구절절한 문장을 삭제해도 생동감이 없다면 이 책을 떠올리자. 지금 쓴 대화문이 존 버닝햄이 쓴 것처럼 생생한가? 물론 쉽지 않은 경지이지만 말이다.

인상 깊은 문장 하나로
책 전체의 매력이 상승한다

　노랫말에는 '싸비' 즉 후렴구라는 게 있다. 노래를 쓰는 사람이라면 누구나, 한번 들으면 계속 머릿속에 맴돌아 어쩔 수 없이 따라 부르게 되고야 마는 마성의 후렴구를 쓰고 싶지 않을까? 그림책에서도 마찬가지 욕심을 부려보자. 자신이 쓴 한 문장이 책을 덮은 다음에도 머릿속에 아른거려 다시금 책을 펼치게 만들 수 있다면! 인상 깊은 문장을 쓰는 공식 같은 건 없겠지만, 매력적인 한 문장을 남기는 그림책들이 오래 사랑받는 건 틀림없는 사실이다.

　《100만 번 산 고양이》(사노 요코 글그림, 김난주 역, 비룡소 2002)를 다 읽고 나면 두 문장이 기억에 남는다. "한때 고양이는 ○○의 고양이였습니다. 고양이는 ○○ 따위는 싫었습니다." 이 문장은 책 전반부 매 장면마다 첫머리에 등장했다. 고양이는 매번 죽고 되살아나, 매번 새로운 주인을 맞는데, 매번 그 주인을 싫어한다. 삶과 죽음, 소유와 미움이 단 두 문장에 모두 들어가 있는데 심지어 문장은 쉽고 읽었을 때 희미한 운율감마저 느껴진다. 이 책의 마지막 문장은 이거다. "그러고는 두 번 다시 되살아나지 않았습니다."

《핑크》(낸 그레고리 글, 뤽 멜랑송 그림, 신정숙 역, 길벗어린이 2010)에는 이런 문장이 나온다. "너무 아쉬워하지 마. 간절히 바라는 마음이 멋진 음악을 만드는 법이란다." 이 책의 주인공 비비는 커다란 핑크 인형이 열렬히 갖고 싶었지만 결국 가질 수 없었다. 대신 비비의 가족은 핑크색 꽃이 환하게 핀 나무 아래로 소풍을 가 딸기잼과 앵두차, 핑크색 조각 케이크를 먹으며 핑크빛으로 물드는 하늘을 함께 바라본다. 앞에 적힌 말을 하며 비비를 위로하는 아빠의 얼굴은 핑크색 노을로 물들어 있다. 이 책은 이 문장과 함께 나에게 '진짜 핑크'를 선물해주었다.

국립국어원과
친해지자

 출판사 편집부에서 일한 적 있는 사람이라면 모를 수가 없는 사이트. 바로 국립국어원 홈페이지다. 이 사이트에는 표준국어대사전 서비스가 있다. 편집자는 교정을 볼 때 단어의 뜻이나 띄어쓰기를 확인하기 위해 표준국어대사전을 하루에도 수십 번 검색하게 된다. 문법이 헷갈릴 때는 '어문 규정 보기'를, 외래어를 더욱 정확하게 표기하고 싶을 때는 '용례 찾기'를 클릭한다. 사전에서도 잘 검색이 안 되거나 용법이 모호할 경우에는 '온라인 가나다'를 검색해서 비슷한 질문의 답을 찾는다. 편집자에게 이 사이트는 제2의 뇌와 비슷하다. 국립국어원 사이트가 문을 닫는다면 나는 편집자를 그만둬야 할지도 모르겠다. 해마다 바뀌는 띄어쓰기 원칙과 맞춤법, 표준어를 무슨 수로 외울 수 있을까?

 그런데 국립국어원 사이트는 편집자에게만 유용한 곳은 아니다. 글을 쓰다가 어떤 단어가 머릿속에 아련히 맴돌기만

하고 도무지 떠오르지 않을 때, 어떤 단어와 같은 뜻을 지닌 다른 어감의 단어를 찾고 싶을 때 나는 제일 먼저 국립국어원에 접속해 표준국어대사전을 연다. 비슷한 단어를 입력하고 내가 찾던 그 단어(운이 좋으면 그 단어보다 더 맞춤한 단어를 발견할 때도 있다)가 연관 검색어로 뜰 때까지 검색, 또 검색한다. 어떤 글감이 글로 잘 써지지 않을 때도 표준국어대사전에 그 글감(단어)을 검색해본다. 뜻풀이를 읽다보면, 의외로 내가 이 부분은 놓치고 있었네, 하고 깨달을 때가 있기 때문이다.

문장을 다듬고 있다면, 귀찮더라도 표준국어대사전에 자신이 쓴 단어나 문법이 맞는지 일일이 검색해 확인해보기를 권한다. 잘 쓰인 문장의 첫 번째 기준은 문법에 맞는 문장이다.

게다가 띄어쓰기가 질서 있게 정리되어 있고, 오탈자도 많지 않은 원고는 편집자에게 신뢰감을 준다. '글을 꽤 써본 사람이 쓴 원고 같은데?' 하는 느낌 말이다. 물론, 문장이 문법에 맞다고 해서 재미없는 원고를 출간하겠다고 마음먹는 편집자는 없을 것이다. 하지만, '조금만 수정하면 훨씬 나은 원고가 될 수 있겠는데, 과연 작가가 수정할 수 있을까' 하고 편집자가 고민에 빠져 있다면, '이 정도로 문장을 잘 쓰는 사람이라면 가능할 거야' 하는 확신을 던져줄 수는 있다.

맞춤법에 서툰 것을 부끄러워하거나, 복잡하니 모르겠다고 외면하지 말자. 최소한 글을 쓰고 싶다 생각했다면 그래선 안 된다! 모르는 게 있으면 찾아서 알면 그만이다. 게다가 그림책을 쓰는 데엔 정답이 없지만 맞춤법은 정답도 있고, 정답을 척척 알려주는 제2의 뇌도 있으니 얼마나 다행스러운가! 즐겨찾기에 다음 사이트를 입력해두자.

국립국어원 https://www.korean.go.kr/

소리 내어 읽으면서 퇴고하기

그림책에 맞게 글을 재구성하고, 문장을 고치고, 이제 다 쓴 거나 다름없다고 생각되면 퇴고를 할 때다. 퇴고란 원고를 출판사 혹은 타인에게 보내기 전 최종 점검하는 과정이다. 원고를 완성하자마자 바로 출판사에 투고하지는 말자. 대신 어느 정도 거리감이 생길 때까지, 하루나 이틀 정도 원고에서 멀어져 있다가 새로운 눈으로 퇴고를 시작하자. 자신이 스스로 자기 원고의 첫 번째 독자가 되는 것이다.

퇴고의 목적은 점검이다. 따라서 엄청나게 고쳐버리겠다는 생각은 하지 않는 게 좋다(어차피 크게 나아지지 않는다). 다음 사항들을 점검하자. 이때 반드시 가제본(136쪽 참고)을 만들어 책장을 넘기면서 소리 내어 읽어보자.

필요없는 단어나 문장이 눈에 띈다면

→ 삭제하고 다시 읽어본다. 읽었을 때 훨씬 좋다면 그대로

삭제하고, 삭제하고 읽었더니 무언가 빠진 듯하다면 다시 살려둔다.

발음이 어렵거나 부드럽게 읽히지 않는 부분이 있다면

→단어 혹은 조사를 바꾸거나 단어끼리 순서를 바꾼다.

지루하게 느껴지는 장면이 있다면

→해당 장면 글의 시작과 끝을 수정해본다. 다음 장면 혹은 앞 장면으로 문장을 넘기거나 끌어오는 식으로 문장의 위치를 바꾸면서 가장 좋은 조합을 찾아보자.

등장인물의 캐릭터가 일관되지 못하거나 논리적으로 이해가 힘든 부분이 뒤늦게 발견됐다면

→독자가 눈치채지 못하길 바라며 원고를 보낼지, 출판사에 조금 더 시간을 달라고 요청하고 글을 대대적으로 손볼지 결정하자. 슬프게도 이런 일은 종종 일어난다.

추천 그림책

글이 대단히 짧은 그림책을 소개한다. 이렇게 짧은 글로도 한 권의 그림책을 완성할 수 있다. 심지어 그 안에는 풍성한 세계가 담겨 있다.

《눈 깜짝할 사이》
호무라 히로시 글, 사카이 고마코 그림, 엄혜숙 역, 길벗스쿨 2018

"사-뿐" "째깍" "퐁-" 이런 몇 단어로 한 권의 그림책이 완성되었다. 하지만 이 책의 마지막 페이지를 넘기고 나면 독자는 틀림없이 멍한 기분에 사로잡히고 만다. 이런 짧은 단어로 이렇게 깊은 이야기를 만들어내다니! 간결함의 미학을 느끼고 싶다면 이 그림책을 읽자.

《해리스 버딕의 미스터리》
크리스 반 알스버그 글그림, 김서정 역, 문학과지성사 2009

이 책은 신비로운 그림 한 장과 이 그림과 관련된 이야기의 단초가 될 법한 짧은 메모들로 이루어져 있다. 각각의 그림은 연결고리가 없지만 신비로운 이야기를 담고 있는 것만은 분명하다. 크리스 반 알스버그는 책 머리에 해리스 버딕이라는 작가의 글과 그림을 그대로 옮겨적은 것이라 적었는데, 이 해리스 버딕이라는 인물마저도 크리스 반 알스버그가 창조해낸 인물은 아닌지 알 수 없다. 그림과 글과 작가, 이 책 전체가 미스터리이다! 머릿속이 텅 비었다고 느낄 때 이 책을 보면 다시 영감으로 차오르는 듯한 느낌이 든다. 아쉽게도 절판되었지만, 비슷한 책 《해리스 버딕과 열네 가지 미스터리》(웅진주니어 2014)가 판매 중이다.

《세상 끝까지 펼쳐지는 치마》 명수정 글그림, 글로연 2019

"이 치마 세상 끝까지 펼쳐져?"라는 말로 시작해, 새로운 장면마다 같은 질문을 던지는 그림책이다. 하지만 이 질문에 대한 대답은 등장인물마다 달라진다. 등장인물들의 치마는 세상 끝까지 펼쳐지는 것은 아니지만, 다른 중요한 무언가를 하나씩 품고 있다. 어린아이가 던지는 질문으로 펼쳐지는 넓은 세상에 풍덩 빠져보자.

다큐멘터리를 그림책으로 쓰기까지
그림책 《살아갑니다》 창작 노트

 《살아갑니다》(최은영 글, 이장미 그림, 시금치 2021)는 다큐멘터리 〈일생〉을 토대로 만든 그림책이다. 지리산에서 살아가는 사람과 동물, 식물 등 수많은 생명들의 이야기가 계절의 흐름과 함께 펼쳐지는 이 다큐멘터리는 잔잔한 감동을 안겨준다. 특히 지리산에서 자연과 함께 호흡하며 살아가는 할머니가 매우 인상적이라서, 이 다큐멘터리의 주인공이라고도 할 수 있다. 그림책으로 다시 쓰면서 다큐멘터리와 가장 다르게 설정한 부분이 무엇이냐고 묻는다면, 그림책에는 특정한 주인공이 없다는 점이다. 계절별로 그림을 이끌어가는 동물을 하나씩 정해두긴 했지만, 글에서는 특정 동물이 도드라지지 않도록 신경을 썼고 할머니도 거대한 자연의 일부처럼 묘사했다. 이 책에 등장하는 모두가 주인공인 듯 느껴졌으면 하는 바람이었다.

 이 책은 탄생과 죽음에 대한 이야기이다. 또한 겨울, 봄, 여름, 가을이 지나 다시 겨울을 맞는 순환의 이야기이기도 하다. 탄생과 죽음을 의미하는 시작과 끝, 또한 시작과 끝이 없는 대자연의 순환이 이 책에 공존하는 셈이다. 그래서 어떤 단어는 반복하고, 어떤 단어는 일부러 피하며 침묵했고, 시작과 끝이 곧 순환의 과정임을 단어의 조합을 통해 자연스레 표현하는 데 집중했다. 초고와 비교해보면 살아남은 문장이 거의 없는 듯하다. 그림의 구성이 처음과는 달라지기도 했고, 또 채색 과정에서 그림의 순서가 바뀌었기 때문이다. 이제 하나씩 살펴보자.

제목을 '살아갑니다'로 정한 다음, 글을 전체적으로 다시 손봤다. '갑니다'를 반복해 싣고, '옵니다'는 반드시 필요한 장면을 제외한 다른 장면에서는 삭제했다. 계절이 바뀌는 장면에서는 "이렇게 다정히 겨울이 갑니다." "이렇게 봄날이 지나갑니다." "이렇게 여름이 지나갑니다."라는 문장을 추가했고, 여름의 장면 중 낮에서 밤으로 전환되는 장면에도 "고라니 가족은…… 돌아갑니다."라는 문장을 넣어 다른 이야기가 펼쳐질 것을 암시했다. 반면 가을로 계절이 바뀔 때에는 "지리산에 다시 겨울이 왔다는 걸요."라는 문장으로, '가다' 대신 '오다'를 사용했다. 이제 책의 진행이 끝나 마무리를 지을 때가 왔다는 암시이자, 책의 처음으로 다시 돌아 '왔다'는 순환의 고리를 의미한다.

'살아갑니다'라는 말은 책에 딱 한 번, 마지막 장면만 등장하도록 수정했다. 수정 전 마지막 장면의 글은 아래와 같았다.

(수정 전)

"모두 조용히 와서 / 저마다의 모습으로 / 한 번뿐인 일생을 / 살아갑니다.

모두의 일생이 모여 / 끊임없이 다시 태어나는 / 자연이 이루어집니다."

마지막 장면의 그림에는 흰 눈밭 위에서 생의 끝을 맞이하는 꼬마쌍살벌이 등장한다. 책의 끝, 삶의 끝이 공존하는 이 장면에는 반드시 죽음이라는 단어가 들어가야겠다는 생각이 들었다. 책의 제목이자, 모든 것을 아우르는 "살아갑니다"라는 문장을 마지막 장면의 첫 문장으로 쓰고 난 뒤, "모두의 일생이 모여…… 자연이 이루어집니다."라는 문장은 과감히 삭제했다. 다큐멘터리의 내레이션을 토대로 쓴 문장인데, 선언하는 듯한 말투가 책의 느낌과는 잘 맞지 않는다고 생각했기 때문이다. 대신 이어지는 문장을 '죽음'이라는 단어를 언급하며 이렇게 바꾸었다.

(수정 후)

"이렇게 살아갑니다. / 세상에 태어나 죽을 때까지.

조용히 와서 / 저마다의 모습으로 / 한 번뿐인 생을 / 살아갑니다."

'죽음'을 얼마나 많이, 어떤 방식으로 표현하느냐를 두고도 고민이 많았다. 이 책에는 총 네 번의 죽음이 등장한다. 겨울의 '죽은' 나뭇가지, 봄의 "하루살이의 삶은 끝이 납니다", 여름의 무당벌레와 진딧물과 복숭아나무의 "삶과 죽음이 한 자리에 있습니다" 그리고 초겨울을 알리는 마지막 장면의 "세상에 태어나 죽을 때까지"다. 총 네 번의 죽음이 계절별로 고루 배치되도록 신경을 썼다.

책 출간이 가까워졌을 때, 가장 중요한 두 문장을 고쳤다.

34쪽(수정 전)

"봄이 되니, 모두들
혼자 살아갈 수 있을 정도로 자랐습니다."

이 장면은 본래 봄의 시작 지점에 배치되어 있었다. 그래서 봄이 왔다는 전환의 느낌을 강하게 주기 위해 '자랐다'라는, 이미 완결된 표현을 썼다. 그런데 그림 속 공간을 할머니의 산속 집에서부터 점점 외곽으로 뻗어가는 식으로 정리하면서, 이 장면은 뒤로 밀려나 봄날이 끝나기 직전에 배치되었다. 이 장면 이후로 여름, 가을이 곧장 이어질 예정이고 그 계절을 보내며 동물들은 더욱 성장할 것이기 때문에 글도 진행의 느낌을 주는 '자라납니다'로 수정했다. 또, '혼자 살아간다'는 표현은 다큐멘터리의 내레이션에서 따온 것인데 책에서는 지리산에서 모두 함께 살아가는 느낌이 강해 '혼자'를 '모두 함께'로 바꾸었다.

34쪽(수정 후)

→ "봄에는 모두 함께 자라납니다."

결과적으로 그림과도 잘 맞으면서 여운을 남기는 문장이 되었다.

52쪽(수정 전)

"그토록 작고 그토록 빛나는 것들이 모여 세상을 이룹니다."

역시 다큐멘터리의 내레이션을 조합해 만든 문장이다. 초고를 쓸 때는 그럴듯해 보였는데, 마지막 점검을 하며 읽어보니 '세상을 이룬다'는 표현이 너무 거창한 듯하고, 자칫 마무리 짓는 느낌도 들어 책의 뒷부분을 지루하게 만드는 게 아닌가 우려가 되었다(이 책은 총 72쪽으로, 그림책치고는 꽤 많은 분량이다). 그래서 꾸밈없고 솔직한 표현으로 바꾸었다.

52쪽(수정 후)

→ "작고 빛나는 생명들이 어둠을 밝힙니다."

멋을 내어 쓰지는 않았지만 수정 후의 문장이 독자의 마음을 더욱 울릴 것이라 확신한다.

그림책 출판하기

서점에서 출판사를 탐험하자

그림책 출판을 진지하게 고민하고 있다면, 그림책을 읽을 때 작가 이름뿐 아니라 출판사 이름도 기억하길 바란다. 출판사마다 추구하는 출간 경향은 다르기 마련이기에 반드시 사전 조사가 필요하다. 서점이나 도서관을 통해 계속 그림책을 접하면서 현재 집필 중인 원고의 글감에 관심을 가질 만하거나 원고의 주제를 잘 살려줄 출판사가 어디인지를 파악하자. 호감이 가는 출판사가 생겼다면 출판사에서 지금까지 출간된 그림책 목록을 훑어볼 필요도 있다.

그림책을 읽을 때 판권에 적힌 출간 연도를 눈여겨보는 버릇을 들이자. 특히 정보 그림책을 특정한 출판사에 투고하려면, 최근 2, 3년 동안 원고와 소재나 주제가 엇비슷한 그림책이 해당 출판사에서 출간되었는지를 반드시 확인하자. 아무리 좋은 원고라 해도 출판사 입장에서는 비슷한 시기에 비슷한 책을 두 권이나 내기는 힘들다. 원고의 완성도와는 별개로, 이와 같은 이유로 반려당할 수 있으니 작가 입장에서는 헛된 수고를 하는 셈이 된다.

그림책을 많이 출간하긴 했지만 대부분 번역서이고 국내 작가들의 창작 그림책이 거의 없는 출판사라면, 원고를 보내기 전에 창작 그림책 원고를 투고해도 될지 문의하는 메일을 먼저 보내보는 것도 좋다. 번역서의 기획 및 출판에만 치중하는 소규모 출판사인 경우 내부에 창작 그림책을 편집할 인력이 없거나, 창작 그림책을 진행할 엄두를 내지 못하는 곳도 있기 때문이다. 번역서에 비해 창작 그림책은 편집 기간이 무척 길고(짧게는 1년, 길게는 10년도 걸린다), 이는 출판사에 부담이 될 수밖에 없다. 하지만 그렇다고 해서 반드시 규모가 크고 창작 그림책을 많이 출간하는 출판사에만 투고하라는 이야기는 아니다. 많은 소규모 출판사들이 훌륭한 그림책 원고를 기다린다. 다만 대형 출판사만큼 다양한 책을 출간할 순 없기 때문에 출판사의 출간 경향을 파악한 뒤 그에 잘 맞는다는 확신이 들 때 투고하자. 운 좋게도 열정이 넘치는 소규모 출판사의 편집인(때로는 대표 1인이 편집자 역할까지 하기도 한다)을 만나게 된다면, 작가와 한마음이 되어 출간의 모든 과정을 기꺼이 함께할 것이다.

출판사에
원고 보내기

"그림책 원고니까 그림까지 완성해 출판사에 보내야 유리하지 않을까요?" 이런 질문을 종종 받는다. 사실 그림이 없다고 해서 너무 걱정할 필요는 없다. 그림책 편집자가 확인하고 싶은 것은 잘 정돈된 글과 작가의 기획 의도이지, 완성된 그림이 아니니까. 그림에 대한 아이디어나 러프한 스케치 정도만 있어도 편집자와 디자이너는 그 잠재력을 충분히 알아본다. 따라서 글 원고만 보낼 경우에는 그림에 대한 아이디어와 전체적인 구성에 대한 작가의 생각을 원고에 함께 적어 보내는 것이 좋다.

글과 그림을 함께 작업하고 싶다면, 그림을 모두 완성한 뒤 출판사에 보내는 방법과 제일 자신 있거나 영감이 떠오르는 장면을 한두 개 정도 공들여 완성한 다음 나머지 장면들의 스케치와 자신의 포트폴리오를 함께 보내는 방법이 있다. 스케치와 포트폴리오는 상세할수록 좋고, 그림을 모두 완성한 뒤라도 스케치와 포트폴리오를 참고 자료로 붙여 보내면 편집자와 디자이너가 출간 여부를 결정하는 데 큰 도움이 된다. 그림을 모두 완성해 투고를 했는데, 완성도도 높고 출판사의 출간 경향과도 잘 맞는다면 생각보다 빨리 그림책을 출간하게 될 가능성이 높다. 반대로 편집자 혹은 디자이너가 봤을 때 수정해야 할 부분이 많다면 그림이 다 완성된 상태라는 것이 오히려 조금 부담으로 작용할 수도 있다. 뒤에 설명하겠지만, 작가의 눈에는 거의 완성에 도달한 것처럼 보이는 원고라도, 편집자와 디자이너의 눈에는 수정할 부분이 보이게 마련이고 이들의 아이디어가 더해지면 작품의 완성도는 더욱 높아진다. 수정 과정에서 어쩌면 전체 글 구성이나 주인공의 콘셉트, 채색 방식 등을 완전히 바꾸어야 할 수도 있다. 그래서 나는 첫 번째 방법보다는 두 번째 방법을 더 추천하는 편이다. 선택은 물론 자신의 몫이다.

출판사 홈페이지에는 보통 '투고 문의'나 '출판부' 이름의 메일 주소가 있다. 원고의 대상 독자에 맞는 출판부를 찾은 다음 메일로 원고를 보내면 된다. 우편으로 가제본을 보내는 경우도 많은데, 내 편집자 경험으로는 메일로 받는 것이 제일 편했다. 규모가 큰 출판사라면 투고 원고를 받고 의견을 전해 주는 업무에 대한 가이드라인이 있다. 보통, 한 달 이내에 원고에 대한 의견을 전달하도록 하는 경우가 많으니, 며칠 안에 답장이 오지 않더라도 너무 조급해하지는 말자.

원고를 보내면 대부분 이런 답장을 많이 받을 것이다. "귀한 원고를 보내주셔서 감사합니다. 안타깝게도 선생님의 원고는 저희 출판사의 출간 경향과는 맞지 않아 출간이 어렵겠습니다……." 나도 이런 내용의 메일을 수없이 썼고, 출판사로부터 여러 번 받기도 했다. 좌절할 필요는 없다. 한 출판사에서 반려된 원고가 다른 출판사에서 출간되는 경우도 많으니까. 원고에 가능성이 보인다면, 편집자들은 이러저러한 점을 수정한다면 더욱 좋은 원고가 될 것 같다는 조언을 메일에 함께 남기기도 한다. 수정 의견 가운데 납득이 가는 점이 있다면 수정해서 다시 투고해도 좋다. 다만 반려 메일이 너무 짧다면, 출판사의 출간 경향과 자신의 원고가 전혀 맞지 않았거나 원고가 매력적이지 않았을 가능성이 매우 높다. 분명한 점은 단번에 출판사와 계약을 하게 되는 일은 매우 드물다는 것이다.

계약서를
쓸 때는

    계약서는 길고 복잡하다. 시대에 맞게 바뀌고 출판사마다 또 다르니, 출판 경력 15년이 넘었는데도 여전히 익숙해지지가 않는다. 그래도 꼭 확인하고 넘어가야 하는 몇 가지 사항을 소개하려 한다.

    제일 중요한 것. 인세와 계약금이 사전에 협의한 대로 잘 적혀 있는가? 작가가 받는 인세는 보통 10퍼센트다. 만약 한 권의 그림책을 한 작가가 글 그림 모두 완성했다면 오롯이 10퍼센트의 인세를 받을 수 있다. 하지만 글 작가와 그림 작가가 다른 사람이라면 각각 4:6 혹은 5:5의 비율로 인세를 나누어 받게 된다. 작품의 전부 혹은 일부의 재수록 또는 2차적 사용에 관한 조항이 있는지도 살피자. 관련 내용은 출판사마다 다를 수 있는데 작가의 허락과 동의를 얻어야 한다는 내용은 반드시 명시되어 있어야 한다. 또 출판 기간은 보통 5년으로, 출간 후 5년 동안은 이 출판사와의 계약을 유지한다는 뜻이다. 혹시 관계가 틀어지거나 다른 출판사로부터 더 좋은 제안을 받게 된다 해도 이 계약 기간을 지킨 다음 출판사를 옮겨야 한다. 계약금은 언제 받을 수 있는지, 출간 후 작가에게 증정되는 책은 몇 부인지 등도 모두 계약서에 적혀 있으니 꼼꼼하게 읽어보자.

저작권료를 인세로 받지 않고 한 번에 목돈으로 받는 방식의 계약도 있는데 흔히 '매절 계약'이라 부른다. 시중 서점에 깔리지 않고 따로 유통되는 방식의 전집 그림책 혹은 유료 회원들에게 매달 제공되는 학습용 그림책 등에 사용되는 작품은 매절 계약이 일반적이다. 매절 계약을 해야 할 경우, 그림 혹은 글의 저작권이 작가에게 있는지 출판사에 있는지를 반드시 확인하자. 만약 저작권을 출판사가 가져가는 내용의 계약을 하게 되면, 후에 작가가 자기 작품에 대한 소유권을 주장하기 어려울 수 있다. 또 작가의 허락 없이 출판사에서 다양한 방식으로 2차적 저작물을 만들어낼 수도 있으니 이런 계약은 추천하지 않는다.

조금 다른 이야기지만, 출판사에 근무하던 시절 어떤 작가가 불만을 토로했다. "인세가 책값의 겨우 10퍼센트라니, 너무 부당한 거 아니에요? 작품은 작가가 다 만드는데 출판사가 90퍼센트나 가져가는 건 말이 안 돼요. 그 반대라면 모를까!" 오오, 혹시 이 책을 읽는 여러분 중에도 이런 생각을 하는 사람이 있을까? 출판사의 입장을 생각해주길 바란다. 우선, 출판사에서는 도서유통·판매업체에 정가 대비 60퍼센트 안팎의 가격으로 책을 공급한다. 그리고 출판사가 스스로 종이도 만들고, 인쇄 기계를 돌려서 인쇄까지 하는 건 아니다. 제지회사에서 종이를 사고 인쇄소에 인쇄를 맡기고, 코팅 등 후가공까지 하려면 당연히 돈이 든다. 이게 바로 제작비다. 게다가 출판사에는 여러 직원들이 있다. 편집자, 디자이너, 마케터, 저작권 담당자 등등. 작가의 원고를 편집한 편집자와 그림을 멋지게 책에 얹어준 디자이너, 책의 홍보를 위해 애쓰는 마케터의 월급, 책을 서점에 유통시키는 데 드는 비용까지. 조금 다르게 생각하면 작가가 쓴 원고가 책이 되는 과정을 함께한 모든 사람들이 책값의 일부를 조금씩 나눠받는 셈이다.

편집자의 딸기밭에서
좋은 문장 익히기

 우리가 말로 흔히 쓰는 표현 중에는 맞춤법에 어긋나는 것들이 꽤 있다. 꼬마 편집자 시절, 선배 편집자들은 내 말버릇을 종종 지적하곤 했는데, 그중 하나가 바로 '너무너무'였다. 지금은 긍정문에서도 쓸 수 있게 규정이 바뀌었지만 당시 '너무'라는 부사는 부정적인 의미로만 사용하는 것이 원칙이었다. 그런데 나는 좋은 일에도 나쁜 일에도 늘 '너무너무 좋다'거나 '너무너무 나쁘다'라고 했다. "딴지 걸지 마세요!"라고 했다가 "딴죽이거든!"이라는 핀잔을 들은 적도 있다. "저도 안다고요!" 했더니 "그래도 편집자가 바른 말을 써야지!"라고 또 핀잔을 들었다. '딴지'라는 말버릇을 '딴죽'으로 겨우 바꾸었더니, 몇 년 전 '딴지'가 표준어에 올랐다. 나 말고도 많은 사람이 '딴죽' 대신 '딴지'를 사용한 결과다.

 그림책은 더욱이 소리 내어 읽으며 쓰는 책이다보니, 이런 실수를 범하기 쉽다. "맛있게 먹길 바래." "그건 내꺼야!"라고 썼다가는 "맛있게 먹길 바라." "그건 내 거야!"라고 쓴 편집자의 빨간 글씨를 만나게 될 것이다.

출판 경험이 없는 작가라면, 원고에 적힌 편집자의 빨간색 글씨가 기분 나쁘거나 당황스러울 수도 있다. 때론 나도, 생각보다 더욱 '딸기밭'으로 물들어 돌아온 내 원고를 보며 당황스러울 때가 있으니까. 그런데 유능한 편집자라면 아무 이유 없이 원고를 고치지 않는다. 당연한 말이다. 고칠 필요가 없는데 왜 굳이? 분명 맞춤법이 틀렸거나 주어와 술어가 맞지 않거나 입말 중 글로 옮기기 힘든 말을 바꾼 것일 테다. 차분히 빨간 글자들을 들여다보면 편집자가 고친 이유를 알게 된다. 아무래도 이유를 알 수 없다면, 이렇게는 고치지 않겠다고 되돌려놓으면 그만이다. 편집자가 보기에 반드시 고쳐야 한다면 그 이유를 설명해줄 것이다. 기분 나빠 하거나 자기 글에 함부로 손을 댔다며 편집자를 비난하는 건 괜한 감정 낭비일 뿐이다.

띄어쓰기나 단어 선택의 기준은 대상 독자다. 어린이 독자를 대상으로 하는 책의 경우, 출판사들은 보통 보조용언과 복합명사는 모두 띄어쓴다는 원칙을 세워둔다. 쉽게 예를 들자면 다음과 같다.

이것 좀 먹어봐! → 이것 좀 먹어 봐!
혼자 있게 내버려두세요. → 혼자 있게 내버려 두세요.
끝까지 기다려볼래요. → 끝까지 기다려 볼래요.

작가들도 가끔 헷갈리곤 하는 맞춤법들도 있다. 몇 가지만 소개한다.

아빠가 올 지 안 올 지 모르겠어요.
→ 아빠가 올지 안 올지 모르겠어요.
이 자리를 빌어 감사 인사를 드립니다.
→ 이 자리를 빌려/이 자리를 통해 감사 인사를 드립니다.
내가 정답을 맞췄다. → 내가 정답을 맞혔다.

혹시 왜 이렇게 바꾸어야 하는지 모르겠다면, 지금 당장 표준국어대사전을 열어 '지' '빌다' '맞추다' '맞히다'를 검색하자.

그림책 편집자는
무얼 하는 사람일까?

 그림책 편집은 여느 책 편집과는 다른 면이 많다. 그림책의 편집 기간은 짧아도 1년으로, 다른 책에 비하면 대단히 긴 편이다. 다른 분야의 편집자들은 글도 몇 매 안 되는데 대체 무얼 하느라 그리 바쁘냐고들 한다. 그림책을 편집할 때 내가 제일 많이 하는 일은 '기다리기'와 '격려하기' 그리고 '대안 제시하기'다. 마감을 훨씬 넘긴 작가의 글을 기다리고, 도무지 그림이 풀리지 않는 작가를 격려한다. 또 글 작가와 그림 작가의 의견이 충돌하거나, 작가가 고민하고 있는 대목이 있다면 가장 적절한 대안을 찾는다. 편집자는 글과 그림에 수정 방향을 제시할 수 있을 만한 안목을 갖추는 동시에 그림책이 출간되는 길고 어려운 과정이 모두 즐거울 수 있도록 격려할 줄도 알아야 한다.

 나는 그림 작가와 글 작가가 되도록 만나지 않고, 나를 매개로 소통하게끔 조율하는 편집자였다. 두 작가가 직접 대면

해서 발생할지도 모를 충돌을 피하고 싶었고, 때로는 거친 말도 나를 통해 순화해 전달하고 싶었다. 언제나 성공했던 건 아니지만. 하지만 내가 만난 편집자들 중에는 나와는 정반대로 글 작가와 그림 작가의 만남을 적극적으로 주선하는 편집자도 있었다. 무엇이 정답이라 말하긴 어렵다. 스타일의 차이는 있지만, 편집자들 마음에 공통적으로 자리잡고 있는 바람은 거의 같다. 바로 글 작가의 글에 꼭 맞는 그림 작가를 찾아서 글과 그림이 합쳐졌을 때 더욱 빛나는 그림책을 완성하고 싶다는 것이다. 편집자의 일은 어찌됐든 책이 성공적으로 출간되는 것을 목표로 한다. 때론 의견이 맞지 않을 때가 있더라도, 작가가 편집자의 입장을 신뢰한다면 함께 책을 만들어가는 멋진 경험을 할 수 있다.

그림책 편집자는 또한 출판사라는 회사에서 일하는 회사원이기도 하다. 담당하는 그림책을 편집하는 일뿐만 아니라 회의 준비, 전화, 반려 메일 작성, 다른 책의 출간 일정 관리, 홍보 문안 작성, 마케팅 아이디어 짜기 등의 업무도 있다. 업무 시간은 보통 평일 오전 9시부터 오후 6시까지일 것이다. 출판사에 근무하던 시절에는 밤 12시, 새벽 2시에도 작가로부터 문자 메시지를 받곤 했다. 번번이 메시지 알림음에 잠을 깨곤 해 한번은 "이렇게 늦은 시간 연락을 주시면 저도 바로 해결하거나 답변을 드릴 수 없어 마음이 불편합니다. 일과시간 중에 연락주시면 더 좋을 것 같습니다." 하고 답을 드렸더니 "저는 밤에 그림을 그리는 사람이라서 밤에 연락하는 게 편해요. 제 마음은 하나도 불편하지 않아요."라는 답을 받은 적도 있다. 나도 작가의 입장이 되고 보니, 한밤중에 연락을 해온 작가들의 마음을 알 것 같다. 시간관념이 아무래도 직장인 시절보다는 희미해져서, 퇴근 시간이 지난 7시나 8시에 편집자에게 문자를 보내곤 아차, 할 때도 있다. 하지만 적어도 밤에 문자나 전화를 하진 말자. 메일을 보내거나, 그 밤을 보내고 다음 날 낮에 연락해도 늦지 않다. 상식적인 예의만 지켜도 편집자와 작가의 관계는 훨씬 평화로울 수 있다.

수정이 두려울 땐
하루만 두려워하기

  이미 경험해본 사람들도 있겠지만, 그림책이 출판되기까지의 과정은 결코 쉽지 않다. 작가와 편집자는 원고, 즉 글과 그림을 가운데 두고 여러 번의 전쟁을 치른다. 물론 그 과정에서 작가는 마음을 다칠 수 있다. 자존심이 상하고 스스로가 못난이처럼 느껴질지도 모른다. 원고에 대한 지적이 곧 나에 대한 비판처럼 느껴질 수 있기 때문이다(물론 지혜로운 편집자라면 모든 비평과 수정 의견을 기분 좋게, 설득력 있게 전달하겠지만, 쉽지 않다). 나름대로 잘 썼다고 생각했는데, 편집자 혹은 디자이너와 얘기를 나누다보니 글도 그림도 모두 수정할 부분 투성이다. "여기선 갈등이 더 고조되면 좋겠어요." "주인공의 성격이 더 드러나야 할 것 같은데, 지금은 너무 평범한 것 같지 않나요?" "열린 결말인 건 좋은데 독자 입장에서는 어려울 수 있어요. 대안이 없을까요?" 끝도 없이 이어지는 수정 사항을 들으면 머릿속이 복잡하다. 아, 이제 다 왔다고 생각했는데 결국 제자리인가. 언제 끝이 날까. 책이 출간돼야 인세를 받을 텐데, 다음 달 생활비는 어떡하지. 나는 이 책을 과연 완성할 수 있을까.

속으로 나는 이 시간을 '충격과 공포의 시간'이라고 부른다. 그리고 이 '충격과 공포의 시간'에는 "이 원고는 도저히 출판할 수 없겠어요."라는 최악의 말까지도 들을 준비를 한다. 기대가 없으면 실망도 없는 법. 어떤 말을 듣더라도, '역시 또 충격적인 일이 벌어지고 있군!' 하고 마음을 다스릴 수 있다. 요동치는 그 마음을 모르는 상대방은 나를 침착하고 판단력을 갖춘 사람이라고 생각할지도 모른다!

충격과 공포의 시간이 끝나면 한없이 쪼그라든 나를 발견하게 된다. 이럴 땐 별수 없다. 고생한 나에게 맛있는 음식과 충분한 잠을 베푸는 수밖에. 편집자의 피드백은 대부분 도움이 된다. 다만 도움으로 작용하기까지 받아들일 시간과 너그러운 마음이 필요할 뿐이다. 하루 정도 지나고 나서 마음속 두려움을 가까스로 삼키며 수정해야 할 원고를 열어보면, 생각보다는 일이 크지 않다는 걸 깨닫게 된다.

어떤 의견을 취하고 어떤 의견은 버려야 할지 판단하는 건 작가의 몫이다. 편집자도 디자이너도, 정답이라고 생각하고 의견을 전하진 않는다. 그들의 바람은 단 하나다. 원고가 더 좋아지도록 돕고 싶다는 것. 그들의 제안대로 원고가 수정되지 않더라도, 작가가 나름의 다른 방식으로 원고의 완성도를 높여 온다면 기뻐할 것이다. 현실의 전쟁에서는 황폐함밖에 남는 것이 없지만, 원고를 사이에 둔 전쟁에서는 초고보다 훨씬 좋아진 책 한 권이라는 결과물이 남는다. 작가와 편집자, 디자이너는 책이라는 목표를 향해 함께 달려가는 동료들이다. 결국, 전쟁은 아닌 셈이다.

끝없는 삭제와 수정에도
지치지 않는 법

    출판사에 근무할 때의 일이다. 어떤 작가의 그림책 원고가, 아이디어는 더할 나위 없이 좋았지만 이야기를 끌어가는 힘이 조금 부족했다. 원고 수정 방향을 의논하기 위해 담당 편집자였던 나와 작가, 디자이너가 함께 여러 번 회의를 했다. 회의 때마다 이런저런 근사한 아이디어들이 쏟아졌고, 분위기도 즐거웠다. 하지만 번번이, 작가는 회의 결과대로 원고를 수정하지 못했다. 결국 작가도 편집자와 디자이너도 그닥 만족스럽지 않은 상태로 책은 출간됐다.

    참 이상하다고만 생각했다, 그 시절에는. 하지만 이제 내가 작가 입장이 되어보니 알겠다. 원고의 부족한 점은 그 원고를 쓴 작가의 눈에도 보인다. 편집자와 디자이너의 수정 의견을 들으면 이제 금방이라도 수정된 원고가 손에 잡힐 것만 같다. "자, 그럼 첫 시작을 이렇게 고치고, 중간에 이런저런 장면을 넣고, 마무리는 이렇게 하면 되겠네요! 와, 다 된 거나 다름없어요." 편집자의 이런 멘트를, 정말 믿게 된다. 하지만 막상 혼자 책상에 앉아 원고를 들여다보면, 막 손에 잡힐 것만 같던 문장들이 하나둘 달아나기 시작한다. 왜냐하면, 회의 자리에서 나누었던 '말'들은 '아이디어'일 뿐, 사실 아직 '문장'도 '이야기'도 아니기 때문이다. 제대로 쓰려고 보면, 생각과는 다른 경우가 더 많다.

이럴 때, 회의 내용에 연연하며 기계적으로 문장과 이야기를 짜맞추지 말자. 원고가 가지고 있던 자연스러운 장점들이 오히려 희석되고, 다 쓴 것이나 다름없던 원고는 갈 길을 잃고 표류하게 된다. 수정하고 또 수정하고 그러다 '아, 조금만 바꾸면 되는 일이었는데 이것도 못 하다니!' 하며 스스로를 자책하다 지쳐버릴지도 모른다.

내 원고의 핵심과 장점이 무엇인지, 스스로 파악하고 있다면 수정 과정이 조금 쉬워진다. 원고에서 전하고자 하는 메시지를 한 문장으로 정리해두고 수정 과정마다 이 메시지들을 살펴보며 양보할 수 없는 지점이 무엇인지 가늠해보자. 다른 게 다 바뀐다 해도 이것만큼은 살아 있어야 한다고 기준을 정해두면 거듭된 수정에도 방향을 잃지 않을 것이다. 또 수정으로 오히려 원고를 망치는 일도 피할 수 있다.

예상치 못한
그림을 받았을 때는

 글 작가와 그림 작가가 다른 경우, 다음과 같은 일이 종종 생긴다. 글 작가가 그림 작가의 스케치를 확인했는데, 여자아이로 생각했던 주인공이 남자아이로 그려져 있다. 혹은 글 작가가 그림 작가로부터 "뭘 그려야 할지 모르겠다"거나 "그림 그리기가 너무 어려운 글"이라는 의견을 받았다. 글 작가의 머릿속엔 이렇게나 잘 떠오르는 이미지인데, 그렇다고 괴발개발 그려서 "이렇게 그려주세요." 할 수는 없는 노릇. 게다가 정말 그려보려고 시도해보면, 생각처럼 멋진 그림은 안 나온다. 좋은 글감이 모두 좋은 글로 완성되지 않는 것처럼, 머릿속에 떠오른 이미지가 아무리 멋져도 모두 좋은 그림으로 이어지지는 않기 때문이다.

 글 작가가 잊지 말아야 할 사실은, 같은 글이라도 읽는 사람에 따라 떠오르는 그림이 달라질 수밖에 없다는 것이다. 더 나아가, 그림 작가에게 자신이 상상한 이미지대로 그려달라

요구해서도 안 된다. 그림 작가는 글 작가와 똑같이 이 책을 완성해가는 창작자이지, 글 작가의 손발이 아니다. 다만, 그림의 느낌이 생각과는 너무 다르다거나 그림에서 작품의 의도가 잘 드러나지 않는다는 생각이 든다면 편집자와 디자이너를 통해 자신의 생각을 명확히 설명하도록 하자. 정보 그림책이라면, 글을 쓰면서 봤던 자료 사진이나 도서를 공유하는 것이 많은 도움이 된다. 픽션인 경우, 그 이야기의 주제나 이야기를 구상했을 때의 느낌들을 최대한 많이 전달하는 것이 좋다.

가장 현명한 태도는 중간에서 이 모든 과정을 조율하는 편집자와 디자이너의 의견에 귀를 기울이는 것이다. 편집자는 스케치 단계부터 글 작가와 그림의 작업 과정을 공유하려 한다. 글 작가의 의도가 제대로 반영되었는지, 중요한 포인트가 누락된 것은 아닌지, 주인공이나 주요 등장인물에 대한 묘사가 혹시 글 작가가 그려놓은 범위에서 너무 벗어나지는 않는지를 확인하기 위해서다. 좋은 편집자와 디자이너라면 글 작가와 그림 작가의 의견이 엇갈릴 때마다 모두 수긍할 만한, 나아가 그들이 생각지도 못했던 좋은 아이디어를 제공해줄 것이다.

흔한 이름 소유자들에게
필명이란

 어렸을 때부터 나는 내 이름 석 자를 별로 좋아하지 않았다. 너무 흔하고 여성스러워서, 특별한 인상이나 느낌을 주지 못하는 것 같았다. 심지어 작명소에서 지은 이름이라니. 흔한 이름이라서 수업 시간에 출석부를 들여다보는 선생님 눈에 잘 띄지 않았다는 게 유일한 장점이랄까?

 그래서 첫 책이 나오기 전에 꼭 필명을 짓고 싶었다. 독특하면서도 좋은 뜻이 담긴, 내게 자연스레 어울리는 그런 이름. 생애 처음으로 내 이름이 '작가'라는 글자 옆에 적힌 계약서에 사인을 한 뒤, 장장 1여 년 동안이나 유명한 사람들의 이름부터 풀, 열매, 나무 이름까지 떠오르는 건 죄다 나에게 갖다붙여봤다. 하지만 딱 이 이름이다 싶은 걸 만나지 못했다.

 조금 다른 얘기일지 모르겠지만, 나는 한때 영어 이름도 새로 짓고 싶었다. 여행이나 출장을 갈 때 은영이라는 발음을 외국인들이 어려워 하고, "으니옹" 하고 우스꽝스레 발음되는 것이 싫어서였다. 내가 아는 사람 중 가장 영어를 잘하는 선배에게 작명을 부탁했더니, 그 선배는 너그럽게도 '에스텔라(Estella)'라는 아주 예쁜 이름을 지어주었다. 딱 한 번 여행에서 그 이름을 사용한 적이 있다. 사람들이 "아, 에스텔라!" 하고 금방 내 이름을 알아듣는 게 즐거웠다. 하지만 "에스텔라!" 하고 나를 부를 때면 내가 아닌 것 같은 이상한 느낌이 들었다. 내 이름을 금방 알아듣고 쉽게 발음하는 것도 어딘지 재미가 없었다. 이건 내가 아니야, 하는 느낌.

어느 날, 한 친구가 물었다. "왜 꼭 필명을 쓰려고 해?" "너무 흔하잖아. 인터넷 서점에 내 이름을 검색하면 나 아닌 다른 사람들 책이 쫙 뜨는 게 싫어." 내 대답에 친구는 이렇게 말했다. "그럼 그중에서 제일 유명한 사람이 되면 되잖아?" 아하, 난 왜 그 생각을 못 했을까. 또 다른 친구는 내게 이런 말을 했다. "은영 씨한테는 은영 씨가 제일 어울려. 은영 씨가 다른 이름으로 불리면 이상해."

결국 나는 내 이름을 사랑하기로 했다. 내 이름을 가진 사람 가운데 가장 유명한 사람이 되겠다거나 하는 생각은 아니다. 외국인들이 내 이름을 이상하게 발음하는 것이 오히려 내 이름을 특별하게 만든 것처럼, 나는 그저 단 하나의 나일 뿐이라는 걸 깨달아서다. 장황하게 설명했지만, 책을 쓰고자 하는 세상 모든 은영, 윤정, 민경, 성미에게 말하고 싶은 건 이거다. 당신이 특별한 사람인 것을 꼭 특별한 필명으로 말할 필요는 없다. 당신의 글이 반짝 빛난다면 당신의 평범한 이름조차 독자들은 특별하게 받아들일 테니까.

제목을
짓는 시간

 《한숨 구멍》은 원고를 구상할 때부터 같은 제목이었다. 출간 전 편집자와 제목에 대해 의견을 나눌 때도 '한숨 구멍' 외의 제목은 떠오르지 않았다. 마치 원고가 이 이름을 지니고 태어난 것처럼. 모든 원고가 이렇게 자기 이름을 이마에 붙이고 탄생하면 좋겠지만, 그러지 않은 경우가 훨씬 많다.

 좋은 제목은 좋은 표지로 연결되고, 좋은 표지는 독자의 눈길을 사로잡는다. 제목은 때로 이 책의 핵심 독자를 넌지시 일러주기도 하고(《엄마랑 뽀뽀》 김동수 글그림, 보림 2008), 독자가 가장 좋아하는 것을 건드리며(《누가 내 머리에 똥 쌌어?》 베르너 홀츠바르트 글, 볼프 에를브루흐 그림, 사계절 2002), 책의 주제를 드러내고(《언제까지나 너를 사랑해》 로버트 먼치 글, 안토니 루이스 그림, 김숙 역, 북뱅크 2000), 책을 펼치기도 전에 이 책의 목적을 알게 한다(《난 토마토 절대 안 먹어》 로렌 차일드 글그림, 조은수 역, 국민서관 2001). 어떤 제목을 붙이느냐는 어떤 독자에게 이 책을 알리고 싶으냐의 문제로 귀결된다. 자동차를 좋아하는 어린이라면 당연히 표지에 자동차가 그려진 책을 집을 것이다. 표지에 자동차가 그려진 책의 제목이라면 당연히 자동차 혹은 자동차와 연결되는 말이 들어가 있을 테다.

아무리 원고의 함의를 잘 품고 있는 구절이라 해도 독자의 귀에 매력적으로 느껴지지 않는다면 좋은 제목이 될 수 없다. 그래서 때로는 편집부와 마케팅 부서, 혹은 출판사와 작가가 제목과 표지 콘셉트를 두고 첨예하게 대립하는 일도 생긴다. 마케팅 부서는 어쩌면 최신 경향이나 독자의 구미에 맞추기 위해 원고의 의도보다 더 자극적인 제목을 원할지도 모른다. 이는 분명 판매에 도움이 될 수 있다. 다만 원고의 의미가 지나치게 훼손되거나 이미지가 달라진다는 생각이 든다면 분명히 거절 의사를 밝히는 것이 좋다.

결정이 힘들다면 주변 사람들에게 의견을 구하자. 지인들 가운데 핵심 독자층이 있다면, 원고와 함께 제목 후보들을 보여주는 것이다. 그림책이 짧다는 건 여러모로 행운이다. 지인들은 원고를 한번 쓱 읽고 제목을 투표하는 일에 재미있게 응해줄 것이다. 주의할 점은, 내 친구들이 다 1번이 좋다고 하니 1번으로 결정하겠다거나, 우리 딸아이가 2번이 좋다고 하니 2번으로 결정하자는 식으로 편집부에 의견을 전달해선 안 된다는 것이다. 자칫, 이 분야의 전문가인 편집자보다 자신의 지인이나 가족을 더 신뢰하는 듯한 느낌을 줄 수도 있다. 지인들의 의견은 참고만 하고, 결정은 스스로 내려 편집자에게 전달하자.

추천 그림책

마지막으로, 글이 아예 없거나 거의 없는 그림책을 소개하려 한다. 글 없는 그림책은 대부분 애초부터 글이 없지는 않다. 다만 작가가 원고를 완성하는 과정에서 텍스트가 모두 그림으로 흡수되어 필요가 없어졌을 뿐이다. 글 없는 그림책이 얼마나 아름답고 방대한 이야기를 담아낼 수 있는지를 보자. 다음의 목록에는 내가 가장 사랑하는 그림책도 한 권 포함되어 있다.

《작은 생각》 멜 트레고닝 지음, 우리동네책공장 2018
잠을 자려고 눈을 감으니 갑자기 오늘 일의 후회와 내일 일의 걱정이 밀려들어 뜬눈으로 밤을 새운 적이 한 번쯤은 있을 것이다. 내가 '새벽 2시의 걱정'이라고 이름 붙인 이 불안감은 영혼을 갉아먹는다. 이 그림책은 내면의 불안이 나를 갉아먹는 모습을 그야말로 시각적으로 그려냈다. 충격적이면서 아름답고, 슬프면서 소름 돋고, 대단히 위안을 주는 그림책이다.

《다시 그곳에》 나탈리아 체르니세바 지음, 재능교육 2015
주인공은 버스를 타고 어딘가로 향한다. 멀리 집 한 채가 보이는데 주인공이 성큼성큼 걸어 다가가도 집은 조금도 커지지 않는다. 주인공은 커다란 거인이고 이곳은 소인국인 걸까? 작은 할머니가 주인공의 커다란 발을 꼭 껴안더니 향긋한 수프를 내놓는다. 그리고 주인공은 수프 냄새를 맡으며 할머니보다 더 작은 꼬마가 된다. 이 책을 볼 때마다 나는 어린 시절로 돌아가 외갓집 앞마당에 앉고 싶다. 글 없는 그림책이자 어른을 위한 그림책의 훌륭한 표본 중 하나다.

《세상에서 가장 용감한 소녀》 매튜 코델 지음, 비룡소 2018

이 책에는 글이 아주 조금 있다. 비록 "꽤애애액" "아우우우" "헥헥" 정도에 지나지 않지만. 그럼에도 이야기와 등장인물들의 섬세한 감정까지 다 전달되는 명작이다. 길 잃은 새끼 늑대와 어린 여자아이가 집을 찾아가는 이야기를 그린 이 책의 미덕은 수없이 많다. 그중 꼭 하나를 꼽자면, 등장하는 동물을 의인화하지 않았는데 동물의 감정선까지 느낄 수 있다는 점이다. 작가는 이 책을 쓰기 위해 늑대를 연구했다고 한다.

《도착》 숀 탠 지음, 사계절 2008

이 책에 대해서는 뭐라 말하기 어렵다. 너무 사랑해서다! 한두 가지 장점을 그냥 얘기하는 게 마치…… 이 책의 가치를 떨어뜨리는 일 같다는 생각마저 드는 것이다. 다행히 이 책의 작가 노트인 《이름 없는 나라에서 온 스케치》가 함께 출간되어 있으니 두 책을 같이 읽어보길 권한다. 당신의 그림책 인생이 이 두 권을 읽기 전과 읽은 후로 나누어질 것이다!